ワクワク・ドキドキ「園庭」づくり

炭谷将史／著

はじめに

園での環境構成を考える際に、皆さんはどんな視点に立って考えますか？　園児が落ち着いて遊べるようにという「安心」の視点、多様な遊び方ができるようにという「学び」もしくは「経験」の視点、とにかく怪我やトラブルがないようにという「安全」の視点など、たくさんの視点があるでしょう。本書では「ワクワク・ドキドキ」というキーワードのもとに園庭づくりのことを考えていきたいと思います。

ワクワクとドキドキは、少し違う心もちを表しているように思えます。ワクワクは心が躍るさま、興奮して落ち着かない心もちを表している言葉です。ドキドキは心臓が大きく脈を打っているさま、すなわち身体反応を伴う心もちを表している言葉です。いずれも動きのある心もちを表している言葉と言えるかもしれませんね。子どもたち、そして先生たちの心と身体が動き出すような〝ワクドキ〟の園庭づくりを目指していきたいと思っています。

保育関連の書籍には環境構成をテーマにした本がたくさんありますし、その中には園庭をテーマにしたものもありますが、子どもと先生たちの心と身体が動き出したくなるかどうかという視点はそれほど見られません。こんな主観的なテーマを設定すること自体が無謀にも思えるのですが、皆さんに「明日からやってみよう！」と思っていただけるような内容になっていれば幸いです。ＳＴＥＰ1とＳＴＥＰ2は理論編、ＳＴＥＰ3とＳＴＥＰ4は実践編となっています。どの章から読み進めていただいても活用できますので、興味を持った章から読み始めていただければと思います。皆さんの明日からの保育が楽しみになりますようにと願いを込めて。

では、スタート！

もくじ

はじめに

STEP 1

子どもが育つ！ワクドキ「園庭」——環境構成の基本をしろう

STEP 2

子どもが夢中！ワクドキ「遊び」——自由遊びを育もう

STEP 3 やってみよう！園庭デザインと保育者の関わり

STEP 4

ワクドキがとまらない！ まねっこしたい園庭アイデア

STEP

1

子どもが育つ！ワクドキ「園庭」

——環境構成の基本をしろう

1 子どもたちのまわり

1 子どものまわりにあるモノ・文化・社会

保育の世界では環境構成という言葉を日常的に使います。環境構成という言葉を使うとき、皆さんは何を考えますか？　壁に絵を貼るときに、どんなレイアウトで貼ろうかな？　とか、砂場遊びの道具はどこに片づけようかな？　とか、そういうことを考えるのではないかと思います。もちろん、そういうモノの環境も環境構成の対象になるのですが、文化や風習なども環境です。例えば、朝登園してから何をするか、外で遊ぶ時間をどのくらい確保しているか、遊びにおけるルールは明確になっているか、先生がどのくらい園児に注意をす

写真1-1　先生も園庭環境の一部

るかなども環境です。

私たちはこの世に生を受けてから常に「まわり」とつながって生きています。あらゆる生き物（動植物）がまわりなく単体で生きることはありえない。地面とか空気とかも含めたまわりの中で私たちは生活しています。私たちは常に地面や空気、温湿度、重力に囲まれています。あらゆる動物はこのように物理的、文化的、社会的な環境から逃れることはできません。文化的な環境（生活様式など）は特に行動様式に影響を与えます。例えば室内では靴を脱ぐこと、食事の際にお箸を使う、学校で学び、企業で働く、対人関係などの社会的な環境にも文化的な要素があります。これらの環境の中で生活をすることで日常の習慣（反復）が生まれ、日々繰り返される行為を通じて、次第に行動のかたちができていきます。それは身体の形態（骨格や筋肉など）にも影響し、動きのかたち（身体の動かし方）が決まってきます。

写真1-2　日々のちょっとした出来事の中にある習慣と環境を通して子どもは育つ

2 ヒトも環境

研修などで幼稚園等（本書では幼稚園・保育園・こども園などを含めて「幼稚園等」と表記します）に行くとよく目にする光景があります。それは保護者と子どもが「手をつなぐ」姿です。車が多くなり安全面の危険があることや子どもが被害者となる事件が頻発することで保護者の安全に対する意識は非常に高まっています。このことから子どもを保護する意識でつい手をつなぐということがあります。

確かに大きな通りや街中などでは理解もできるのですが、安全面の心配がない幼稚園等の敷地内であっても多くの親子が手をつないでいます。手をつなぐ姿勢では、子どもは片腕を高くあげ、大人の歩行スピードに合わせるという動きになり、バランスが悪くなります。不自然なバランスを強いられ、それに対してバランスを取りながら歩きます。このような姿勢で歩いていて、何かの拍子に転びそうになったとき、子どもはどこに力を入れますか？ 手をつないでいなければ足を出して転ばないように試みるわけですが、手をつないでいたら、必然的に手に力を入れることになります。保護者も転ばないように手に力を入れ、引っ張り上げることでしょう。このようなことが繰り返されることで、もしかしたら歩行する能力が十分に高まらず、歩きたがらないとかすぐに疲れてしまうなどの現象が起こっているのかもしれません。

私たちは、子どもの発達を考える際、つい「できる・できない」のモノサシで測ってしまいますが、それ以前に環境とそれによって生まれる日々の習慣を見落としてはいけません。そのためにも環境を幅広く捉え、子どもの育ちをしっかりと支える環境構成を心がけたいものです。

2 幼児を包む環境——園庭の重要性

1 「サンマ」の少ない現代の子どもの遊び環境

現代の子どもたちの生活環境、特に遊び環境は、あまり好ましいとは言えません。現代社会で生活する子どもたちの環境は「サンマの欠如」と呼ばれるような窮屈なものです。サンマとは漢字で書くと三間と書きます。空間・時間・仲間という三つの間がなくなっているという意味です。五〇年ほど前までは街の中に空き地や公園、校庭・園庭など子どもたちが自由に使える場所がありましたが、最近はこれらがほとんどなくなってきました。

その具体例として辻わざ（柳田・丸山、一九九七）の減少が挙げられます。辻わざとは道路での遊びのことです。日本では古くから子どもたちの遊び場は道路でした。浮世絵などにも道路で子どもたちが遊んでいる姿が描かれていたりします。昭和の頃の子どもの遊びを絵や写真、文章で紹介する本を見ると、道路で遊んでいる子どもたちがたくさんいます。その様子を見て大人たちが笑っている様子なんかもあります。昭和の中頃は子どもたちにとって遊ぶ場所がそこかしこにあり、心理的なゆとりがあった時代だったと言えるかもしれません。余談ですが、平成の子どもたちが街中で遊んでいる様子をまとめた本はほとんど見当たりません。この辺りは世相を表しているのかもしれませんね。

2 安心して遊べる場としての園庭

近年の子どもたちは幼児期から習い事に忙しく、時間がなくなっているようです。学研教育総合研究所の調べ（二〇一九年八月）によると、就学前の子どもの半数以上、五六・八％が何らかの習い事をしているそうです。[1]同じ調査の結果を見ると、いわゆる年長児にあたる

写真1-3　園庭は一緒に楽しむ仲間とともにじっくり、安心して遊べる空間

五～六歳児に限っては六〇％を超える幼児が習い事をしているようです。

さらに、近年は待機児童問題等の理由で自宅から遠く離れた幼稚園等へ行かなくてはならないとか、地方の場合は幼稚園等が遠くて車で行かなくてはいけないなどの事情があり、子どもだけの都合で遊びの約束をするとか、近所の子どもたちが集まって空き地で遊ぶというような光景もほとんどなくなりました。また、女性の活躍の場が年々増加する中で両親ともに働くようになり幼稚園等にいる時間も年々長くなっています[2]。これらの事情から遊ぶ場所や時間を見つけ、一緒に遊ぶ仲間を確保することは現代の園児にとって難しいことなのです。園庭は幼児が安心して戸外での遊びを楽しむことができる数少ない環境と言えるでしょう。

1 学研教育総合研究所「幼児白書Web版」https://www.gakken.co.jp/kyouikusouken/ whitepaper/k201908/chapter7/ 01.html（取得日二〇二一年一月二日）

2 内閣府「男女共同参画白書（概要版）平成三〇年版」https:// www.gender.go.jp/about_danjo/whitepaper/h30/gaiyou/html/honpen/b1_s03.html（取得日二〇二一年一月二日）

3 園庭づくりの基本

1 指針等を踏まえた園庭計画

幼稚園施設整備指針の第四章に「園庭計画」があります。ここには望ましい園庭環境として、物理的な環境要素が多様な視点からまとめられています。またその指針と独自の調査結果を参考にして、東京大学発達保育実践政策学センター（Cedep）が「園庭環境多様性指標」を作成しました（詳しくは秋田ら、二〇一九）。それらを参考にしながら、園庭づくりの基本的な構成要素を確認しておきましょう。

2 園庭の基本的な構成要素

以下に挙げる構成要素は、それぞれの項目が単独で成り立っているのではなく、お互いに関連している箇所もあります。職場の園庭を一つずつ点検してみてください。

〈園庭の基本的な構成要素〉

●自然と触れ合うことができる環境

①土や砂遊び場　②水遊び場　③芝生地や雑草地

④樹木やツル性植物　⑤菜園や花壇　⑥飼育動物

●体を使って楽しむことができる環境

⑦築山や斜面　⑧遊具　⑨ひらけたスペース

●自由に発想し工夫ができる環境

⑩道具や素材

●休憩や穏やかな活動ができる環境

⑪休憩や穏やかな活動の場所

●園庭全体の活動を支えるための環境

⑫日よけ

⑬園庭と園舎のつながり　⑭全体的な配置

●保護者や地域の方と交流できる環境

⑮保護者や地域の方との交流の場所

※「園庭環境多様性指標」（Cedep）を基に作成

①　土や砂遊び場

いろいろな形のものを作ったり、ダムや水路を作ったりして水を流し込んだり、時には泥んこになって砂・泥・水の心地良さを味わう場所です。使用する園児の発達段階や目的、周辺環境を考慮して、面積、形状、砂質、準備する用具等を考えることが必要です。特に砂場遊びの活性化には水の存在が重要になります。できるだけ園児が自由に水を使えるようにする工夫が大切です。また、衛生面などを考えると基本的には日当たりが良い環境にする必要がありますが、夏場に砂・泥遊びを楽しもうと思うと日陰になることも必要です。そこで、砂場・泥場と落葉樹の位置関係は大変重要になります。また、田んぼ・菜園などがある園庭の場合、収穫後の有効活用なども考えたいところですね。

② 水遊び場

水は流れる、濡れる、溶かす、貯める、飛ばすなどいろいろな変化を生むことができるものです。子どもたちにとっては、いろいろな楽しみ方を見出せるアイテム。大人はつい「流しっぱなしはもったいない」などと考えて、制限を加える方向に意識がいってしまいがちになりますが、できるだけ自由気ままに水を扱え、その

性質を体感できる場所と道具を用意したいものです。そのためには、水を大量に貯められる池を作ったり、水道水を活用した井戸を作ったりすることも一つの仕掛けでしょう。なお、水を遊びに上手に組み込むためには用具がキーポイントになります。バケツやジョーロ、小さなスコップといったもの以外にも竹筒や木片、大きなスコップ、鍬などを用意することで遊びが豊かになります。

③ 芝生地や雑草地

芝生地の最大のメリットは痛さや汚れを気にせずにダイナミックに遊べることでしょう。天気の良い日に裸足で走り回るだけでワクワクしますよね。周辺に適度に雑草があったり、花があったりすれば蝶々や鳥なども飛んできて、自然を感じながらダイナミックな遊びを展開できるかもしれません。雑草ももちろん自然の一部です。そこには虫や鳥などが集まり、花も咲きます。季節の変化を感じたり、それらを使って何かを作ったりすることもできるでしょう。大人は整然とした、雑草一つ生えていない園庭を好むかもしれませんが、子どもたちにとってそれは〝何もない（つまらない）場所〟でしかないかもしれません。そして適度に雑草がある場所は〝何かがあるかもしれない場所〟になるのかもしれません。そう感じた子どもたちは探索をし、ワクワク・ドキドキを発見することでしょう。雑草にはそんな力があります。

④ 樹木やツル性植物

草木の姿から季節や自然を感じるとともに、時には登ったりして遊具としての役割も果たしてくれます。園児たちにとって自然に触れるという意味でも、体をダイナミックに動かして遊ぶという意味でも、ほっとした穏やかな時間を作るという意味でも大切な園庭の要素です。樹木は園庭づくりに際して非常に重要な検討課題であると同時に、相手が自然なだけに難しい問題でもあります。樹種（常緑樹か落葉樹かなど）とその配置を考える際、園の保育方針を念頭に置いて園庭内外のレイアウトを考え、そこで展開されるであろう園児たちの遊びや季節による様々な変化、途中でレイアウトを変更する際のこと、年間行事など本当にたくさんのことを考慮しなくてはなりません。

写真1-4　樹木の配置によって夏涼しく、冬暖かい園庭を作ることも可能

園庭内外のレイアウトとは、園庭内ではどこに日陰を作りたいか、落ち葉がどこにあると遊びが豊かになるか、片づけがしやすいかなどがありますし、園庭外の場合、周辺の景観を損ねないか（景観が良くなるか）、落ち葉によって周辺に迷惑がかからないか、郷土の木を植えられるか、などを検討する必要があります。また樹種によってエリアとの適合性や生命力も異なります。これらのことを総合的に判断して、園児の育ちに資する樹種を選択したいものです。

⑤ 菜園や花壇

菜園や花壇は自然と自分の暮らしのつながりを体験する場所であるとともに、季節の移り変わり、自分が毎日してきた世話の成果が見える場所でもあります。そのためには園児たちの目につきやすい場所に設置するのが望ましいと考えられます。なるべく

常緑樹と落葉樹

常緑樹とは１年以上葉が繁り続ける樹種のこと、落葉樹とは寒期や乾燥期を前に葉が落ちてしまう樹種のことです。日中太陽光が園庭にさし込む方角に落葉樹を植えることで、夏は日陰を作り、冬は暖かい環境を作ることができます。経験的には、園庭と園庭外で夏場の気温が５℃程度違うことも少なくありませんので、熱中症予防にもつながります（※「⑫日よけ」を参照）。一方、園庭の緑を１年中保つには常緑樹は欠かせません。落葉樹の邪魔をしない場所を選び、常緑樹を園庭内にバランスよくレイアウトしましょう。

アクセスがしやすく、その変化が目につきやすいような工夫をしたいものですね。また、花壇などはきれいに整備すると「触ってほしくない」という気分になることもあるかもしれませんが、子どもたちにはぜひ手にとったり、香りを嗅いだりして身体で自然を感じてもらいたいものですよね。

⑥ 飼育動物

子どもたちは飼育動物との交流を通して生命を学びます。動物たちは話ができませんから、子どもたちは動物の内面を行動などから推測します。少しずつ他者を思いやる気持ちやその心を推し量ることを経験することになるのです。ですから、子どもたちが生き物とのつながりを満喫できる環境にしたいですし、園児にとっても、動物にとっても飼育のストレスがなるべく少ないような工夫

が必要です。そのために飼育スペースの大きさ、広さ、園庭内での配置、一日の生活リズムの中で飼育動物との交流の時間をどこで確保するかなどを考慮することが大切です。

⑦ 築山や斜面

築山や園庭内の高さの違う場所は園児の育ちを考える上で非常に大切な場所です。三輪車を使って登り降りができたり、自分の体をコロコロと転がしたりして遊べるような斜面があると子どもの遊びは活性化します。もし築山が園庭にない場合、雪が降った折に雪を一箇所に集めて山を作っても良いかもしれません。園庭を掘った際に出た土をどこかに集めて手づくりのミニ築山を作るだけでも子どもたちにとっては新しい遊び場になります。単に遊び場としての重要性の他に、心理的な発達においても重要な意味を持つと考えられます。いつも生活しているところを違う高さから眺めるという体験が子どもたちに異なる視点を与えてくれます。俯瞰するとか他者の視点に立ってものを見るという力は、実際に俯瞰する経験によってより得やすくなります。

⑧ 遊具

遊具とは主に固定遊具のことを指します。固定遊具には複合的なものと滑り台やジャン

写真1-5　ロープの支えを借りて斜面とつながる

グルジムなど昔からあるシンプルなものがあります。それぞれの遊具に特徴や良さがありますが、遊具の形や機能だけではなくレイアウトにも配慮したいところです。つまり、何を置くかも大切ですが、どう置くかがそれ以上に大切になってくると考えられます。その置き方によって遊び方は変わってきます(Sumiya & Nonaka, 2021)。多くの園では園庭の真ん中がひらけたスペースになっていて、固定遊具を周縁に置くことが多いですが、それだと遊具間の遊びがつながることが少なく、新たな遊びが発生しにくいことが考えられます。固定遊具の向きを考えて、横並びもしくは向かい合わせで置いてみたりすると、これまでとは違った遊びが生まれるかもしれません。

⑨　ひらけたスペース

ひらけたスペースがあれば園児はダイナミックに動くことができます。道具があれば、よりダイナミックな遊びが可能になる場所です。特に幼児期の後期（五歳～六歳）ではルールのある、スポーツに近い遊び（例えば、ドッヂボールやサッカー）をするようになりますので、そのために一定以上の面積のあるひらけたスペースが必要になります。ひらけたスペースでの遊びを子どもたちが落ち着いて楽しめるためには、もしかするとこのスペースが園庭の真ん中にある必要はないかもしれません。園庭の真ん中にあると人の通り道にもなってしまうため、遊びを阻害してしまう恐れもあります。例えば、園庭の周縁にひらけたスペースを設け、その周辺をプランターで緩やかに区切ることで、子どもたちが使いやすいひらけたスペースを設けることができます。その方が園庭の真ん中よりも落ち着いて、ダイナミックに遊べ、なおかつその遊びが他の園児の遊びを阻害しない（他の園児に阻害されない）場所を作ることが可能かもしれません（Sumiya & Nonaka, 2021）。

写真1-6　何を置くかだけでなくどう置くかが大切

⑩ 道具や素材

道具や素材は多様で豊かな遊びを可能にする最も大切な仕掛けの一つです。道具を検討する際、その設置場所と種類が重要になります。設置場所は何よりも使いやすさを考慮しましょう。園児にとっては一回ずつ先生にお願いして出してもらうようでは使い勝手が悪く、その遊具はだんだん使われなくなるでしょう。園児が自分で出したりしまったりできるような工夫を心がけてください。また、種類も豊富な方が遊びのイメージが湧きやすくなります。輪もの、砂場遊びで使える各種の道具、なわとびでも長縄・短縄以外にも多様な素材でできたものを置いておくことで園児たちは遊び方を工夫することでしょう。

道具の種類に関しては、決して綺麗に作られたものである必要はありません。古タイヤや家から出てきた瓶、新聞紙、古雑誌なども十分に遊びの道具になります。かつて私が園庭づくりに関わったこども園では、近くの材木屋さんで出た木の端材をもらってきて砂場のすぐ横に置いておきました。すると子どもたちはダムを作るときの橋として使ったり、その木片を使って（砂場内に作った）池の枠にしたりしていました。遊びのイメージが豊かになるためにはモノの種類が豊かな方が良いですよね。家庭や近所の工場などから出る廃材はワクドキを膨らませる重要アイテムと心得ましょう。

写真1-7　のんびりとできる屋外空間も園庭の一部

⑪ 休憩や穏やかな活動の場所

静かな活動も園庭遊びの楽しみの一つです。子どもたちの遊びを想像する際、大人はついダイナミックな遊びをイメージしがちです。ところが、例えば六〇分以上の自由遊びの時間があるとした場合、その時間ずっとダイナミックに遊ぶわけではありません。のんびりとお友達とおしゃべりをし、太陽の暖かな光を浴びながら絵本の世界に浸ることも大切な遊びです。子どもだけの世界を作れる小屋などがあれば良いですが、デッキ、テラスなどをアレンジしてのんびりできる空間を作り、日当たりの良い場所にベンチや樹木の切り株を置いておくだけでもホッコリできる場所になりそうです。

⑫ 日よけ

特に夏の暑さが問題となっている昨今において、この問題も十分に検討すべきです。その際、④樹木やツル性植物と併せて考えることをおすすめします。具体的には、常緑樹と落葉樹のバランスとレイアウトを考えます。理想としては落葉樹を計画的に配置して、夏は涼しく、冬は暖かい園庭を作ることが求められます。落葉樹があれば、秋には落ち葉を使ったいろいろな遊びを楽しむことができて遊びが豊かになります。ただ、園庭の樹木が全て落葉樹である必要はなく、常緑樹もあった方が一年を通して緑を楽しむことができます。これらのバランスを考えながら計画的に樹木を植えたいところです。なお、その土地にあった樹木というのがありますので、計画の際は造園業など専門家の意見を参考にされると良いでしょう。また、ツル性の植物を活用して日よけを作ることも可能です。ツル性植物でトンネルや小屋のような形状が作れたら、それは

園児にとっては探索や静かに遊べる場所にもなり、さらにワクワクした場所になるかもしれません。

ただ、樹木はすぐには育ちませんよね。その際は大きめのシートを張って日よけにするなどの工夫も良いでしょう。園庭全体を覆うことは難しいでしょうから、園庭の一角だけでも良いと思います。その際は落ち着いた遊びをするような場所（例えば、デッキやベンチの上）を日陰にするのがおすすめです。

⑬ 園庭と園舎のつながり

園庭と園舎のつながりを考える際、半屋外空間の有効活用が園庭づくりのキーポイントになります。半屋外空間は子どもたちの遊びをつなぐ役割をしたり、外の空気を感じながらじっくりと遊ぶ場所になったりと、とても大切な場所です。園児には、外で遊ぶ気分ではないときもあります。そんなとき、外でお友達の遊んでいる様子を見ながら少しずつ自分の気持ちをコントロールし、だんだんと遊びに向かう心もちになる場所でもあります。

半屋外空間は子どもが靴を脱ぎ履きしたりする場所として使われることが多く、落ち着いた場所にはなっていない園も少なくありません。もちろん下駄箱を置くのは構いませんが、それ以外にエリアを区切ってテーブルセットを置いたり、長机と絵本台などを置いてのんびりと絵本を楽しむ空間を作ったりしてみるのはいかがでしょうか。

⑭　全体的な配置

従来の園庭では年に一回の運動会を想定して、園庭の真ん中にひらけたスペースを大きく確保し、周縁に固定遊具を置くというレイアウトが一般的でした。しかし、近年では運動会は隣の小学校など他の場所を借りて実施し、毎日使う園庭は遊びがより豊かになるように工夫をする園が増えてきています。

例えば、園庭の中心に木登りができるような大木を植えたり、大きな築山を作ったりする園もあります。園庭全体を覆うような複合遊具を置いて、園舎の裏側も園庭として活用したりする園もあります。園庭や園舎、それ以外の敷地

写真1-8　相談しながら園庭のレイアウトをどんどん変えてみよう

内環境は園によって千差万別。どんな環境を作るかに正解はないと言えます。園の保育方針、園児たちの遊び方の特徴、持っている遊具や用具、園外の周辺環境など多様な点を考慮に入れて、どんな配置が良いのかを先生同士で話し合いながら、一回レイアウトを変更して終わるのではなく、気づいたときにレイアウトを変えて良い形を模索することがワクワク・ドキドキを生む園庭を作っていく一つの方策だと考えられます。レイアウトが変わると遊びが変わることを理解し、先生はもちろん、保護者や園児たちも交えてぜひ配置の仕方を変えてみてください。

⑮ 保護者や地域の方との交流の場所

充実した園庭づくりには保護者や地域の方々の協力が欠かせません。それらの方に園庭や園全体の環境に関心を持ってもらうためには、交流する場所があると良いでしょう。保護者に園での活動を説明したり、その日に園児が楽しんだ遊びを伝えたりする際にも、そういう落ち着いたスペースがあると話もしやすいです。また、交流スペースがあることでお迎えにちょっと早く到着したお母さん同士がおしゃべりを楽しんだり、園庭の自然をのんびりと楽しんだりすることができたら最高ですよね。

そのための一つの方法として、園庭づくりをする際にできるだけ手づくりで、保護者や地域の方の協力を得ると良いでしょう。私がかつて関わったこども園では、冬のある日に園庭づくりの日を設け、先生方や保護者の皆さん、近所の人にも声をかけて遊具の配置を変えたり、手づくりの築山を作ったり、タイヤを埋め込んだりしたことがあります。ある人はカレーの炊き出しをしてくださったり、お父さんたちはせっせと穴を掘ってタイヤを埋めてくれたり、子どもたちは完成した場所で遊びながら、大人たちに新しいアイデアを提供してくれたりしていました。そのときに保護者がおしゃべりを楽しんでいた場所をそのままおしゃべりスペースとして活用できるようにアレンジをしたりもしました。このように園庭が子どもと大人、園の関係者と近隣の人、先生と保護者などの交流の場所になるためには、園庭づくりのときから交流をしておくと良いかもしれません。

4 倉橋惣三の保育理論と園庭

1 倉橋理論における園庭の位置づけ

皆さんは倉橋惣三という人をご存じですか？ 保育、幼児教育に携わっている人は、その名前を一度は耳にしたことがあるでしょう。倉橋惣三（一八八二～一九五五）は日本の幼児教育界において保育実践を基盤にした理論構築を行った人です。彼は実際の子どもとの関わりの中で理論形成を行い、子どもの自発性を重視し、誘導保育という概念を提唱しました。特に自然との関わりを重視し、「外へ、外へ」と子どもを促し、「広い自由な遊び場と、新鮮な空気と、充分な日光」の三つが子どもの身体、そして精神の発達のために不可欠であるとして、「ガーデン主義」と評される園庭を構想しました。倉橋にとって園庭は自然と接する場所であるとともに、物と触れ合う場所でもありました。それは現代にも通じる「環境を通しての教育（保育）」の原点とも言えます。

2 心もちと誘導保育

倉橋の著書『育ての心』(フレーベル館：上下巻、二〇〇八)の中には、園庭での遊びを支える保育者のふるまいに関わる考え方がたくさん記されています。特にここでは上巻三四頁や下巻の八頁から六四頁に記されている「子どもの心もち」に関すること、さらに倉橋の保育理論の中核的な考え方である「誘導保育」を考えてみたいと思います。

子どもの心もちを共感的に感じるということ

倉橋はその著書『育ての心(下)』の中で心もちについて詳しく書いています。倉橋は子どもの「心」ではなく「心もち」という表現をしました。心とは心理学の分析対象となるようないわば無味乾燥な対象物を表していますが、「心もち」は味わい触れる対象であり、その響きを聴いてあげる必要があるというのです。いわば、音楽を聴く際に、一つのシンフォニーが「この音とあの音が組み合わさることで成り立っている」と、分析的な視点を向けるだけではその音楽を聴いたことにはならず、そのシンフォニーが奏でる生きた音楽を味わい尽くすことで初めて音楽を聴いたことになるのと同じことです。子どもが悔し涙を流すとき、しっぽが取れてしまったぬいぐるみを悲しそうに見つめているとき、その子どもたちの心もちを共感的に味わい、その切実さに触れることが心もちであるというのです。園庭にはワクワクや驚き、喜び、挑戦、達成、悔しさといったいくつもの心もちがそこかしこにあります。保育者はややもすると安全のことばかりが気になったり、揉め事がないかを心配したりしてしまいます。一人ひとりの心もちを共感的に感じることに気を配れていないことも少なくないのではないでしょうか。

誘導保育の本当の意味

もう一つ「誘導保育」については多くの本などで解説されているのでご存じの方も多いと思います。倉橋は「生活を、生活で、生活へ」という言葉を残しているように、子どもの「さながらの生活」（ありのままの生活・自由な遊び）を基盤として生活を学び、さらなる生活の充実へと発展させていくという保育を考えていました。子どものありのままの生活をさらに充実させるために、子どもの興味に即したテーマを持って、子どもたちの生活を支えることを考えたわけです。この言葉は現代の保育においてはややもすると勘違いされた解釈があるように思います。昨今よく耳にするプロジェクトアプローチなどでも散見しますが、保育者が持っていきたい方向に「誘導」する、いわば「あやつり保育」になっていることが往々にしてあるのです。目的保育をあたかも子どもたちがやりたがっていることをやらせている自由保育のように見せる傾向と言っても良いかもしれません。

ここで少し立ち止まって、倉橋が考えていた保育原理における二つの方向性について考えてみましょう。保育という営みが始まった頃から、関わる人々が考えている二つの方向性は、一つがフレーベルに代表される自発活動を重視する教育理論、もう一つがプロジェクトアプローチなどの目的活動を重視する教育理論です。倉橋もこの二つの理論の調和を課題としてあげていました（湯川、二〇一七、一〇頁）。子どもの自発性だけを出発点とするのでは気紛れな活動に終始してしまい、プロセスも結果もどうでも良いということになりかねないという懸念が生まれます。一方、目的活動を重視する教育理論では活動の到達点に重きを置いた保育になり、「できる、できない」による評価の視点が過剰になるなどの問題点も指摘できます。倉橋はそのバランスをとった保育という意味で「自発的目的活動」という保育のあり方を構想しました。そして、倉橋は後に「誘導保育」という形を定式化したのでした。

保育者の意図が前面に現れてしまい、その達成が目的化してしまうと園児たちの中にやらされ感が芽生えます。そんな子どもが持つ心もちを把握した上で、誘導的な保育を形づくることが求められていると言えます。誘導保育はまさに先生たちの意図や目的を上手に隠し、園児の自発性についていきながら形として結実する保育のあり方と考えて良いのでしょう。

3 園庭の重要性

ここまで倉橋の保育理論を見てきましたが、保育者（本書では幼稚園等で先生の仕事をしている人全般を指して保育者と称することにします）にとって園庭はこれらの保育実践の全てが詰まった場所です。ところが、昔から園庭はどこも皆似たようなものばかり。真ん中には何もなく広いオープンスペースが確保され、固定遊具が周縁に置かれている。植栽があればまだ良いですが、木や草花は少なく虫や生き物がいない園庭もあります。せいぜいプランターで季節の花やちょっとした果物・野菜を育てているくらいでしょうか。

「本当はもっと工夫して楽しい園庭にしたいんだけど、運動会があるからこのレイアウトは変えられない」という意見もよく聞きます。どんな園庭であっても園児は何らかの方法で遊びます。でも、それで本当に良いのでしょうか？　環境が子どもたちを育ててくれるのなら、その環境を日々考えながら修正を繰り返し、子どもたちの育ちを支える環境にしたいですよね。倉橋の言う「外へ、外へ」を実践するために、子どもたちが外に行きたくなるような園庭を作りましょう。ワクワクとドキドキに出会える園庭であれば、子どもたちはきっと年中外へ行きたがるようになるはずです。

STEP

2

子どもが夢中！ワクドキ「遊び」

――自由遊びを育もう

1 子どもの育ちへのまなざし

1 遊びを見つめる四つのまなざし

子どもは十人十色で性格も遊び方も違う。子どもの育ちというものは、その始まりから途中経過、そして結果まで多様なものです。だからこそ、私たちは子どもを見る基準を持ちたいと希望し、一般的な法則を求めてしまいます。保育実践・援助を考える際、発達段階や年齢・月齢に応じて、このくらいの時期にはこんなことができる、こんな援助をしようという話になりがちです。発達の多様性を考えると実際の発達プロセスは個人によって様々。なのに、発達段階や月齢というフレームだけに当てはめて子どもを見ると、常に正解を探し求め、「できるようになった」とか、「この子はまだできていない」と出来栄えチェックをする思考回路になります。STEP2では、発達を理解する際に持っていたい発達段階や月齢とは異なる、①身体性、②状況性、③社会性、④継起性という四つの視点を紹介し、ワクワク・ドキドキという心もちで遊べる園庭のデザインを考えるための土台を共有したいと思います。

① 身体性（Embodiment）

私たちの身体は一様ではありません。例えば、一つの目的を達成する際にも身体の使い方は様々です。足元に落ちているゴミを拾う場合、膝を伸ばしたまま腰を曲げて拾うこともできますし、膝を曲げて拾うこともできます。また、一つの動きをする場合の周辺環境によっても動き方は違います。例えば、あなたの自宅から駅までの一〇分の道のりを歩こうと思った場合、無風の状態と向かい風の状態では歩き方が違います。向かい風ならば無風状態のときよりも上体を少し前傾させ、下腿（ふくらはぎ）や大腿部（太もも）により力を込めて歩くことになるでしょう。同じパフォー

マンス（二〇分間で駅に到着する）を生み出すにも、周辺環境に合わせて筋肉の使い方を調整することが必要になります。私たちの身体は一様ではないが故にこのような適応力があります。

この適応力は外界の状況だけではなく、自分自身の状態をも踏まえて発揮されています。乳幼児期から青年期頃の身体は大きく変化します。その変化は緩やかに、滑らかな曲線を描いて徐々に変化しているようにイメージされますが、実はそうではありません。実際には劇的な変化をするときとあまり変化が見られないときがあります。一日で二㎝背が伸びる日もあれば、変化がない日もあります。また一日の中でも日中には背が縮み、夜寝ている間に伸びるという現象もあります。このように、子どもの身体はその度合いも変化の仕方も不定期です。子どもはこのようなままならない身体を抱えて、環境との関係を調整する存在です。ですから、その特徴によってずり這いから移動を始める子もいれば、膝と手を使った四つ這いでの移動をいきなり始める子もいます。いつも駆け回っている子もいれば、あまり走ろうとはしない子もいるわけです。

図2-1は歩き始めた頃の子どもの足跡を描いたものです。上は歩き始めの子どものものので、ちょこちょこと足跡が密で二列になっていますね。下の足跡は歩行経験を重ねた幼児の足跡ですが、縦方向の歩幅は上の足跡に比べて長く、横方向への幅は上に比べて狭くなっています。つまり、歩き始めの子どもは歩幅を縦方向に短く、横方向に長く使うこと

でバランスを取り、経験を積んで歩くことが上手になるにつれ縦方向に長くなり、横幅が狭まります。歩き始めの頃はバランスが悪い片足での時間を長く取れないので、両足が地面に着いている時間を長く確保しています。経験を重ねるにつれ片足が浮いている状態を長く確保できるようになるので、下のような歩き方になると考えられます。このように子どもたちはいつも自分の身体的な特性を考慮しながら、行為の調整をしているわけです。

② 状況性（Embeddedness）

私たちは身体的な特性だけでなく、周囲の状況に合わせて行動する存在です。私たちの身体は常に環境に包まれており、物理的状況に埋め込まれています。環境と適切な関係をつくるためには環境を知覚することが求められます。歩けるようになったばかりの赤ちゃんは自分がそこを歩けるかどうかをすぐには見分けられません。例えば、座れるようになったばかりの赤ちゃ

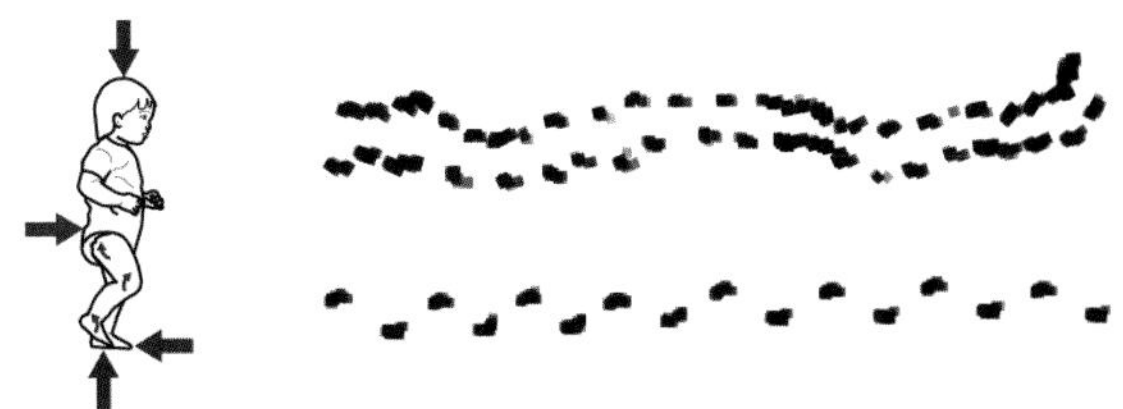

図2-1　歩行初期の歩行と経験を重ねた後の足跡の違い（Adolph & Hoch, 2019）

んは自分の手が届かないようなところに手を伸ばして転ぶとか、手が届く範囲内のものであっても手を伸ばすことでバランスを崩してしまうこともあります。ところが、数週間座る経験をすることで、自分がその場所に手が届くのか、バランスを崩さずにものを取ることができるのかを判断できるようになります。ハイハイや自律歩行（支えなしで、自分の力だけで歩くこと）をできるようになったばかり（第一週目）の赤ちゃんは、危ない場所（自分の力では降りられない段差など）でも構わずに進んでしまいますが、移動を数週間経験すると危険度を把握することができるようになるという研究結果があります。また数ヶ月歩く経験を積むと、細かな環境の違いでも危険を察知できるほど知覚の精度は高まります。このように経

験によって周辺環境を適切に知覚する能力が高まるのです。

ただし、この環境を知覚する力は特定のタスクを行う、いわば訓練のようなものでは十分に高まるとは言えません。生活の中で多様な環境と日々出会うことが大切です。このことから幼稚園等の環境構成では、バリエーションに気を配ることが求められます。歩き始めの一歳児などは、フローリングの上で歩く経験を積み重ね、それに慣れてきたらマットを敷いたり、ちょっとした傾斜のある路面を作ったりして、歩く環境のバリエーションを作ります。さらに長じると園外に散歩に出る機会もあります。そのときは斜面のある場所や芝生の上、砂利道など様々な環境を歩くようにしたいものです。さらに大きくなって三歳児以降になったら、荷物を背負うという工夫もあります。荷物を背負うだけで歩くときのバランスは変わります。荷物を背負って斜面を登るというのは幼児にとっては難度の高い課題かもしれませんが、四～五歳児になった頃にはそんな経験をしても良いかもしれませんね。園庭であっても、歩くことを多様にすることはできます。大小の築山を作ったり、丸太や竹を渡した一本橋を作ったり、缶で作ったポックリ（缶下駄）を用意するのも良いですね。

ＳＴＥＰ１でも見たように、プランターや植え込み、野菜を作る場所、固定遊具、ひらけた場所など多様なエリアがある園庭の方が、シンプルで固定遊具とちょっとした植栽だけのような園庭よりはワクワクしますよね。歩き回ること自体が遊びになります。歩き回っているだけで楽しくなるような状況を作ることが、ワクドキ園庭づくりの一つのあり方だと思います。

③ 社会性（Encultured）

私たちが埋め込まれているのは物理的状況にだけではありません。子どもは保護者や保育者、友達とともに生活をし、他者との関係の中で育ちますから、社会的状況にも埋め込まれていることになります。転んだときの子どもの様子を観察してみてください。実はすぐに泣き出すわけではなくて、母親や保育者の顔を見て、大人が「あぁ、痛いねぇ」などと言ったり、そういう表情をしたりしていることを確認してから泣き出すことが少なくありません。遊びの場面でも、何かチャレンジをしたいことがあってもちょっとした勇気が出なくて躊躇する子を見かけます。そ

写真2-1　状況に埋め込まれている発達

ういう子に勇気を与えてくれるのは、他の子が軽々とそのハードルを越えている姿だったり、先生のちょっとした言葉かけだったりします。そういう意味で発達は社会的なのです。

保育者が遊びに対してどのような態度を取るか、支援をするかは遊びを左右する重要な要素です。子どもは危険かな？　どうしようかな？　と迷ったときに大人の様子を参考にします。歩けるようになったばかりの赤ちゃんでさえも、どっちかな？　大丈夫かな？　と、判断に困ったときは大人の表情を見たり、サポートを求めたりすることが分かっています。ちなみに、自分が歩けると思ったところは親の反応がどうであれ歩きますし、危険だと思った場合は親がいくら勇気づけても歩こうとはしないことも明らかになっています。保育者に求められるのは、そのときに初めからその行

写真2-2　友達の姿を見てがんばれたりする場合もある

為を回避させることではありません。適切に可否を判断し、可能だと判断した場合は「やってみてごらん」と声をかけてチャレンジを後押しすることです。無理だと思えば回避を提案することもありますし、見守ることで子どもが安心してトライする状況を作ることもできるかもしれません。

読者の皆さんはここで、その判断基準は何かと問いたくなると思います。それはご自身で身につけてくださいとしか言えません。子どもには各自の能力や性格、その日の心身の状態があり、園には各園のポリシーや安全対策がありますので、その他にも遊びには多くの要因が関わっていますので、一つの決まった判断基準や正解があるわけではありません。同僚と子どものこと、動きのこと、チャレンジの様子などを日々語り

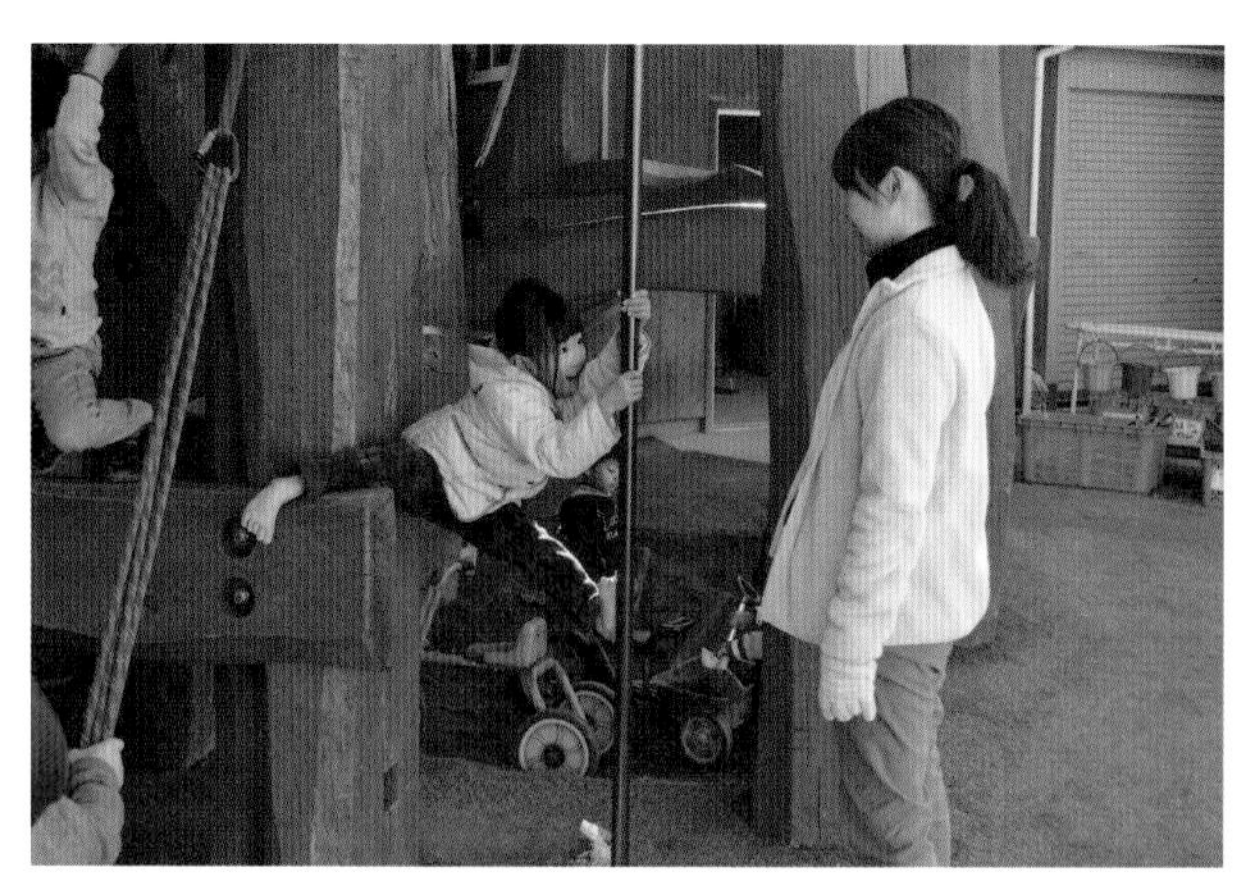

写真2-3　ためらう園児をじっと待つことも保育者の役割

合い、子どもの動きと取るべきリスクを見極める目を養ってください。

④ 継起性（Enability）

何かができるようになることは次の可能性が見えるようになるということでもあります。ハイハイのとき、赤ちゃんの主な視野は自分の手が着いているあたりの床だけですが、歩けるようになると一気に視界は拡がり、興味を持つ対象が何倍にも膨らみます。すると歩き回っていろいろなものに触ってみたくなる。その機会がまた次の可能性を生む。園庭でジャングルジムに初めて登れるようになった園児は、次にうんていにチャレンジするかもしれません。ジャングルジムの上から俯瞰する視野を獲得したことで、次は友達の様子を観察することを楽しむかもしれません。このように可能性は次の可能性に連鎖し、行為発達は継起的に進んでいくことになります。

例えば、宮丸（一九七三）では、立ち幅跳びの動作発達を明らかにしています（図2-2）。この動作発達では腕のダイナミックな動き、踏み切りに向けた足の蹴り、着地時の膝の屈曲運動などの要素が重要です。この図だけを見ると、大人は腕を振ることや足や膝を使うことを教えようとしてしまいます。それ自体が悪いわけではないものの、その子はまだそういうレディネスができていないかもしれません。ある子はダイナミックに身体を動かすこと自体ができていないかもしれないし、ある子は歩行経験が少なすぎて、足をうまく使いこなす感覚を持っていないのかもしれない。またある子は腕の動きと脚の動きをうまく組み合わせられず、動きがぎこちなくなっているのかもしれません。発達の連鎖がどこで停滞しているかはなかなかに分かりにくいものです。だからつい、大人は答えらしきものを教えようとします。でも、子どもからしたら、やろうとしてもできないものはできない。

Pattern1

Pattern2

Pattern3

Pattern4

Pattern5

図2-2　立ち幅跳び動作の発達（宮丸、1973）

レディネス

レディネスとは何らかの能力や技術を身につけるための心理的・身体的な準備状態のことです。興味や動機づけに左右されると言われています。乳児はハイハイなどで移動能力や座る能力を身につけることで遠くにある対象に対する興味が喚起され、「立ち上がりたい」とか「歩きたい」という気持ちが芽生えます。この心理的なレディネスと立ち上がったり歩いたりするための身体的レディネスが相まって「歩く」という行為につながります。

こうして大人の意とは別の、負の連鎖がスタートしてしまうかもしれません。

我々大人は目の前で起こっている出来事（結果）だけをつい見てしまいますが、その前提には可能性の連鎖がある。少し視点を高く取り、この連鎖性を含めてその子のいまの状態を把握できたら、いままでとは違った子どもの姿が見えてくるかもしれません。

2 経験の必要性

ここまで保育者が遊びを支援する際に必要な発達への四つのまなざしを紹介しましたが、そこに通底する乳幼児期全体を通して必要不可欠なこと。それは経験です。胎児期から青年期に

写真2-4　何度も失敗を経験してできるようになることもある

かけて私たちの身体はその構成が目まぐるしく変化します。その変化は小さいときほど大きく、自分の身体の変化に常に適応し続けるプロセスがあります。昨日と今日の身体が異なっていると言っても過言ではありません。急激に変化し続ける身体を多様な環境の中に置き、環境との関係を調整し続けることで発達が進行します。

先ほども歩くという技能を例に挙げて考えましたが、初めて歩けるようになった子どもは歩く経験を重ねながら平面で二足歩行をするためのバランスを獲得し、次第に段差や斜面、少しずつ感触が異なる地面（アスファルト、砂地、芝生、砂利道など）で歩く経験を重ねて、変化する身体と変化する環境の間の関係づくりを日々調整し続けることになります。もちろん、園庭環境を毎日変えることはできませんが、園児の身体構成は変化します。大人にとっては昨日の遊びと今日の遊びが同じように見えていても、園児には新しいチャレンジがあるかもしれません。上記の①〜④を念頭に置き、さらにいかに多様な経験を積む機会を作れるかが保育者による遊びの支援の最大のポイントと言えるでしょう。

2 環境と園児のコラボが生み出す遊びの可能性

1 大人の想像を超えた遊びの展開

私は学生とともに、月に一～二回大学近くの幼稚園で四歳児クラスの園児と遊んでいます。新聞紙で作ったボールをペットボトルに当てて倒す、いわゆるストラックアウトのような遊びをよくするのですが、あるとき面白いことが起こりました。最初、嬉々としてボールを投げていたある男の子。しばらくするとペットボトルを立てる側に回りました。「ちゃんと自分で立てて偉いねぇ」なんて我々も声をかけていたのですが、大人が考えていることとその子がやっていることはちょっと違うんです。ペットボトルを元に戻しているという感じではなく、ペットボトルを立てて遊んでいるんです。勝負をしていると言っても良いかもしれません。彼はその立て方を毎回少しずつ変えていて、一つずつを離して立ててみたり、ペットボトルに水を入れたり、一列に並べたり……ボールを投げる人に対して「問題」を作っているような感じなんです。彼にとって、遊びがペットボトルを倒すことからペットボトルを並べて、倒させない遊びに移ったわけです。こういう遊び方をする園児が現れるとは学生も私も考えていませんでした。でも、その子はそこにワクワクする遊びを発見した。その遊びに気づいた他の数名の園児たちも加わり、結局最終的には、学生や私がボールを投げてペットボトルを倒し、園児がいろいろな形状に立てるという遊びになりました。私たちが一回で倒せたら私たちの勝ち、私たちが倒せなかったら園児たちの勝ちでした。その遊びは先生の「終わり～」の声が聞こえるまで何回も飽きることなく続いたのでした。

2 子どもが発見する遊びの可能性

皆さんの家にダイニングチェアがあると思いますが、それは私たち大人にとって座るものです。ところが、乳幼児にとってはどうでしょうか。座るには高すぎます。どちらかというとつかまって立つものとなることが多いでしょうか。幼児期の子どもであれば下に潜って遊ぶおもちゃに変わるかもしれません。余談ですが、私は子どもの頃、椅子の下に潜って自動車屋さんごっこをするのが大好きでした。母に「(この椅子に)どこか調子が悪いところはありますか？」と聞いて、工具を使って椅子の座面を外したり付けたりしながら遊んでいた記憶があります。こうしてイスは子どもにとっては潜って遊ぶおもちゃにもなります。同じモノであっても、使う側の性質（背の高さや身体の大きさ、運動能力等）によってそれを利用する方法は異なるわけです。

このように私たちは自分のまわりにあるモノと自分自身の関わりの中で行為の可能性を見出します。行為の可能性を見出し、選択し、活用しながら生きている。行為の可能性を利用しているのは我々人間だけでなく、あらゆる動物・植物も同じです。あらゆる生き物が環境との関係を常に作り続けているのです。アメンボ

は水面に立つ可能性を見出していますし、ツル性植物は（我々が持つ意識と呼ばれるものはないかもしれませんが）壁面によじ登る可能性を見出しています。一方で、人間は水面に立つ可能性を見出すことはできませんし、壁面をよじ登る可能性もほぼありません（どちらも忍者ならできるのかな?）。このように環境が生き物に与える意味は、生き物側の特性も関連しているわけです。

自由遊びをしている園児たちは自分の能力や性質に合わせて環境を能動的に探索し、遊びの可能性を見出し、行為を選んでいます。自分が使える環境、楽しめる環境を探し、チャレンジし、失敗し、工夫をしながら遊んでいるのです。このことからも自由遊びの意義が見えてきます。自由に遊びが選択できる状況でこそ、上記の例のように大人が想定していない遊びの可能性を子どもたちは見出します。その発見こそが自由遊びの醍醐味と言えるのかもしれません。

3 子どもが遊びたくなる園庭

子どもが遊びたくなる園庭というのを考える際、二つのポイントがあると私は考えています。一つは選択肢、もう一つはレベルです。選択肢は園庭づくりの横糸、レベルは縦糸ではないかと思っています。つまり、そのときに発生している遊びの可能性を広げるのが選択肢の存在であり、時間軸に沿って子どもたちの遊びの可能性を広げるのがレベルの存在であるというイメージです。

以下に、それぞれの具体的な意味と子どもたちが遊びたくなる理由を説明します。

1 ワクドキ園庭と遊びの選択肢

選択肢は自由遊びの充実と表裏一体の関係と言えます。遊びの選択肢がある中でこそ園児は自由に遊びを選ぶことができます。選択肢を増やす方法として大切なのは用具の多様性です。一つの遊び場、遊び方であっても用具が変われば内容は豊かになります。例えば、砂場遊びはバケツやスコップ、水場があることで豊かになります。逆にそれらがなければ、できることは非常に限られてしまいます。園庭には広場のようなオープンなエリアがあることが多いですが、そのエリアでの遊びでもなわとび（短縄、長縄）、輪もの（三輪車・ストライダー・キックボード・四輪バギーなど）、竹馬、コマ、ボールなど多くの用具を毎年少しずつ買い足すことで揃えることができます。

次に用具の配置も重要なファクターです。どんなにたくさんの遊具があっても、それらが倉庫にしまってあって園児たちが自分たちで出せない、先生の力を借りないと使えないという状況では、その遊具が使われる頻度は激減してしまうでしょう。用具があることすら忘れられてしまうかもしれません。そうな

らないためにはしっかりと整理をし、園児たちが自分たちの力で出してくることができるようにすることが求められます。倉庫を使っているようであれば遊ぶ前に鍵を開けておいて園児が自分で出せるようにしておく。砂場の横（遊びの邪魔にならないところ）に手づくりの棚を置き、園児たちが自分で準備と片づけをできるようにするなど配置を工夫しましょう。

2 ワクドキ園庭と遊びのレベル

次に遊びのレベルについてです。昇り棒に色違いのテープを貼ってあるのをたまに見ますが、この工夫などはレベル分けの一例と言って良いと思います。「これができたら次、次ができたらその次」という〝レベル〟が見えることによって園児たちは「もっとやりたい」という気持ちを持つようになります。

このレベル分けを私は横浜市郊外にある川和保育園で学びました。ちなみに、この川和保育園は二〇一八年に場所を移転し、それから新しい園庭づくりをしています。ここでの事例は川和保育園の移転前の園庭での話です。

川和保育園にはターザンロープがいくつかありました。一つは丸太から乗り移り揺れるオーソドックスなもの（写真2-5）。もう一つは地面レベルから一ｍくらい高い場所にあるウッドデッキでロープに捕まり、そこから空に飛び出すような動きをするロープ（写真2-6）。これは一つの目のロープよりもかなり長く、動きがダイナミックです。見ているとあたかも「空に向けて羽ばたく」かのような感覚に陥ります。そして、園庭遊びのクライマックスとも言える園舎二階、高さ三ｍから約三〇ｍを移動するターザンロープです。これにチャレンジする園児の様子がＮＨＫのドキュメンタリー（ドキドキ・ヒヤリで子どもは育つ：二〇〇七年）で放映されるほど、園児たちの姿には冒険と葛藤が色濃く映し出されています。この三つ目の最難関のロープでの遊びにトライするには、難度が低いロープでの遊びを繰り返し、園長先生からのお墨つき

写真2-5　一番簡単なロープ遊び

写真2-6　かなり長いターザンロープを上まで登る園児

をもらわないといけません。

こうした遊びのレベルは、年長クラスの園児や級友がターザンロープをしている姿を見ることでの「自分もチャレンジしようか…でも、こわい」という葛藤と迷い、そしてチャレンジする勇気と達成したときの達成感と誇りの経験を与えてくれます。チャレンジしなかった園児がチャレンジしてくれた。そんな小さな失敗と成功という出来事が先生たちに喜びと意欲を与えてくれます。園児たちも一緒。小さなことの積み重ねが子どもたちに「もっと」を生み出すのです。

4 自由遊びの意義

1 自由遊びとは

遊びとは何か？ という問いに対して、よくロジェ・カイヨワの定義が用いられます。カイヨワはフランスの哲学者で『遊びと人間』という著作を残しています。彼は「遊びとは、あるはっきり定められた時間、空間の範囲内で行われる自発的な行為もしくは活動である。それは自発的に受け入れた規則に従っている。その規則はいったん受け入れられた以上は、絶対的な拘束力をもっている。遊びの目的は行為そのもののなかにある。それは、緊張と歓びの感情を伴い、またこれは『日常生活とは別のもの』という意識に裏付けられている」と定義しました。カイヨワによれば、遊びというのはそもそも自由なものであり、快感情を伴うものであるというわけです。そう考えると自由遊びという表現は、いわば「馬から落馬する」のような重複表現と言えるかもしれません。

これ以外にも遊びの定義は何人もの研究者によって試みられてきました。〝それ自体が目的であり、異なる目的達成のための手段ではないこと〟とか、〝大切なのは結果ではなく、そのプロセスである〟、〝柔軟性が高く、これといったルールに縛られるものではなく、ポジティブな感情を伴うもの〟ということも言われます。でも、これでは具体的に何を指すのか分かりにくいですよね。結局、遊びとは何でしょうか？　自由遊びとは何でしょうか？

近年保育の現場では自由遊びという言葉をよく見かけるようになっています。これは「自由ではない遊び」が存在していることの証左なのかもしれません。ここではより具体的に遊びの自由さを考えるために、二〇一八年に発表された研究を参考に、遊びを分類する視点を提案したいと思います(Zosh et al., 2018)。遊びを「誰がその遊びを始めたか」「誰がその

遊びを方向づけているか」「明らかなねらいがあるか」の三つの視点から分類してみます。すると遊びは①自由遊び（Free Play）、②構成遊び（Guided Play）、③ゲーム（Games）、④介入遊び（Co-opted Play）、⑤遊戯的指導（Playful Instruction）、⑥直接的指導（Direct Instruction）という六つに分類できます（図2-3）。

自由遊びとは子どもの意思で自由に時間と空間を使える（使わない自由もある）活動のこと。構成遊びでは遊びを進めるのは子どもですが、最初に遊びを始めるのは先生であり、先生にある程度のゴールがあって進められる遊びのスタイル。ここでは園児たちにはいくつかの選択肢が用意され、その中から自分の意思で何をするか、何もしないかを選ぶ自由があります。近年、よく行われているサーキット遊び（いろいろな仕掛けが園庭や遊戯室に用意されていて、その中から子どもたちが自分のやりたい遊びを選ぶ）はこの構成遊びの典型例と言えるでしょう。スポーツもこの構成遊びの一種ですが、ドッヂボールなど進める主体が先生になることも少なくありません。子どもがルールを把握して使いこなせるようになるまでは先生がゲームを進めるこ

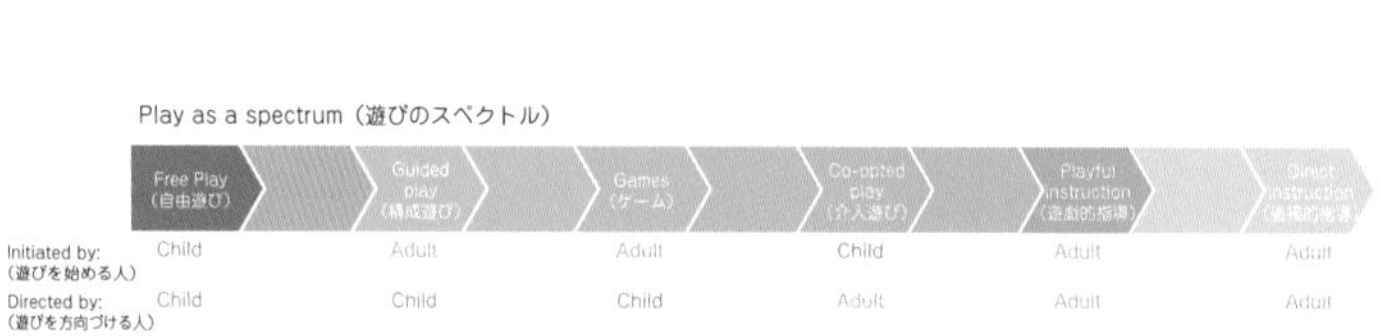

Play as a spectrum（遊びのスペクトル）

	Free Play（自由遊び）	Guided play（構成遊び）	Games（ゲーム）	Co-opted play（介入遊び）	Playful instruction（遊戯的指導）	Direct instruction（直接的指導）
Initiated by:（遊びを始める人）	Child	Adult	Adult	Child	Adult	Adult
Directed by:（遊びを方向づける人）	Child	Child	Child	Adult	Adult	Adult
Explict learning goal:（遊び・学びの目的）	no	yes	yes	yes	yes	yes

Child（園児） Adult（保育者・保護者） no（なし） yes（あり）

図2-3　遊びの分類スペクトラム（Zosh et al., 2018を基に筆者作成）

とになります。介入遊びは子どもが遊び始めたものの、遊びが成立しないときや特定の子がうまく仲間に入れないときなどに先生が介入し、結局は先生がリードしてしまうような遊びのスタイルです。遊戯的指導と直接的指導は遊びというよりは教育に分類される内容です。他の定義に比べて、この三つの視点からの分類方法は判断基準が明確で、分かりやすいですよね。実際に園庭での遊び方を考える際に、一つの参考になると思います。

2 自由遊びの意義

自由遊びの意義は何でしょうか？ 皆さんもご存じの通り、幼稚園教育要領、保育所保育指針、幼保連携型認定こども園教育・保育要領のいずれにも同様に書かれている「幼児期の終わりまでに育ってほしい姿」から考えてみましょう。これらの姿は幼稚園等での生活を通して育むことが想定されていますが、その中でも特に遊びが重要な役割を担っています。ですから、自由遊びは全ての項目と密接に関わっているわけですが、ここではとりわけ関わりが深いと考えられる三つの項目から考えてみたいと思います。

「健康な心と体」と自由遊び

まず第一の項目として掲げられている「健康な心と体」との関わりです。「生活の中で、充実感をもって自分のやりたいことに向かって心と体を十分に働かせ、見通しをもって行動し、自ら健康で安全な生活をつくり出すようになる」とあります。これはまさに飽くことなく自由遊びが長続きする子どもの姿とも言えます。誰かに何かをやらされたり、刹那的にチョロっとだけ思いついた何かをしたりするのではなく、自分が心からやりたいと思えることを、心と体を存分に使って、計画を立て、友達と相談しながら、大きな怪我につながるような危険をあらかじめ察知して自分たちで遊びをコントロールするような子どもの姿を想定しているように思います。まさに自由遊びがしっかりとできる子どもの姿です。そして、この

幼児期の終わりまでに育ってほしい姿

① 健康な心と体
② 自立心
③ 協同性
④ 道徳性・規範意識の芽生え
⑤ 社会生活との関わり
⑥ 思考力の芽生え
⑦ 自然との関わり・生命尊重
⑧ 数量や図形、標識や文字などへの関心・感覚
⑨ 言葉による伝え合い
⑩ 豊かな感性と表現

項目だけでも非常に多くの能力が含まれているのがお分かりになるでしょう。

「自立心」と自由遊び

自由遊びは育ってほしい姿の二つ目の項目「自立心」とも大いに関わります。自立心の項目には「身近な環境に主体的に関わり様々な活動を楽しむ中で、しなければならないことを自覚し、自分の力で行うために考えたり、工夫したりしながら、諦めずにやり遂げることで達成感を味わい、自信をもって行動するようになる」とあります。この力は自分のことを自分でやる（やろうとする）力をベースに、自分がしなければいけないことを判断する力、考え、工夫する力、あきらめずにやり遂げる力などが含まれています。いつも誰かに自分のことをやってもらっているうちには自立心は育ちません。先生に指示された活動、大人にコントロールされた遊びだけではその力は育たない。自由遊びができるようになるプロセスの中で、自分で考え、やってみて、時には失敗して、どうやったらいいかをまた考え、先生の手助けも受けながらやり遂げてみるという経験が大切です。

「思考力の芽生え」と自由遊び

自由遊びは育ってほしい姿六つ目の「思考力の芽生え」とも関連が深いです。思考力の芽生えの項目には「身近な事象に積極的に関わる中で、物の性質や仕組みなどを感じ取ったり、気付いたりし、考えたり、予想したり、工夫したりするなど、多様な関わりを楽しむようになる。また、友達の様々な考えに触れる中で、自分と異なる考えがあることに気付き、自ら判断したり、考え直したりするなど、新しい考えを生み出す喜びを味わいながら、自分の考えをよりよいものにするようになる」と書かれています。子どもたちは遊びの中に先生が一緒にいると、ちょっと困ったことや分からないことがあると先生を頼りたくなってしまう。特に現代社会では大人でさえもすぐにインターネットで調べてしまう傾向があります。問いから答えまでが近くないと嫌というのが現代的な病とさえ言われています。その傾向は子どもたちにも波及しており、子どもたちもすぐに解決を求めます。ところが、うまく自由遊びができる子どもたちは自分たちで解決策を探ります。以前研究のために頻繁にお邪魔をしていたある園の園児たちは水が砂場をうまく流れない様子を見て、「こうしたらいいんじゃない?」と相談をしたり、工夫

写真2-7　自分で遊びを選択する自由と力

をしてみたりしていました。先生に助けを求める園児は誰もおらず、試したことがうまくいかなくても笑って終わり。その後に別の工夫をしてみる。疑問と答えまでのプロセスそのものが遊びだったんですね。こんな遊び方が自由遊びの面白さであり、思考力の芽生えの土台であると言えます。

自由遊びを育む

お気づきの方もいるかと思いますが、自由遊びという活動が大切というよりは、充実した自由遊びができる子どもたちに育てていくことが大切です。最初から自分たちだけで好きなことを選び、遊びを成立させることは簡単なことではありません。でも、大人の関わりや工夫次第で、それは可能になります。自由遊びの重要性を理解し、子どもたちのために必要な関わりと工夫をしたいものです。

写真2-8　自分で遊びを選ぶ力は考える力や自立心でもある

Column
アフォーダンスという概念

皆さん、「アフォーダンス」という言葉をご存じですか？ダンスの一種？と言われてしまいそうですが、ダンスではなく、心理学の概念なんです。

アフォーダンスはアメリカの心理学者ジェームズ・ギブソンによる造語です。英語にはaffordという動詞があり、与える、供給するという意味の他動詞です。ギブソンはある現象を表すために、affordの名詞形であるアフォーダンス(affordance)という言葉を作りました(ギブソン、一九八五)。その意味するところは、環境が生き物(人間を含む生物全般)に対して与える行為の機会のことを表しています。私たちは環境が備えている可能性と関係を作って生活を営んでいると言えます。STEP2・2で述べた環境と子どものコラボはその例です。アフォーダンスは個人によって異なります。例えば、跳び箱が得意な子にとってみれば四段の跳び箱は簡単に跳び越せる(跳ぶことをアフォードしてくれる)環境ですが、苦手な子にとっては壁のような障壁に見えるかもしれません。

アフォーダンスという表現が与えるイメージは、環境が生き物に対して与えてくれる可能性です。しかし、アフォーダンスは単なる環境の特性というよりはあくまでも生き物の特性と環境の相補関係を表す概念です。環境側は行為を誘発するのではなく、いわばひっそりと可能性を備えているだけ。生体が、無限にある周囲の可能性の何と関係を結ぶかを文脈などの条件を踏まえつつ選ぶわけです。

環境が可能性を備えているということは、同時に制約（何かができない可能性）を備えていることにもなります。先程の跳び箱の例では跳び越えるという行為の可能性を備えていると同時に、跳び越す能力・スキルがないと前に進めないという移動の制約を備えていることにもなります。この環境が備えている可能性と制約を問題と捉えるなら、この問題をクリアする能力を獲得することを発達と捉えることができるでしょう。子どもたちは日々少しずつ異なる環境に出会います。大人になると意識することは少ないですが、子どもと一緒にいると電車やバスの揺れ、地面の凸凹といったちょっとしたことでバランスを崩したり転んだりします。そういう問題に対応できる多様性、もしくは柔軟性を獲得することが発達と言えそうです。

大人になると、あるモノの使い方はこういうものという視点の固着化が起こってくるので斬新な使い方ができなくなりますが、子どもにはそういう「常識」のようなものがないので、時に「天才か？」と思うようなものの使い方をすることがあります。STEP2・2で挙げたペットボトルを起こす遊びの発見などはまさにその一例と言えるでしょう。

保育の現場に伺うと「援助」とか「支援」「認め」という用語を必ず耳にします。最初の頃、私にはこの意味が明瞭には理解できませんでした。もちろん言葉の意味は分かります。でも、世間一般で使われているよりも、どうやら包含する意味合いが大きいように感じたからです。用語化して、言葉の守備範囲を広げると便利なのですが、何を指しているか分からなくなることが多くなります。

なんらかの現象や法則性に言葉を当てはめることを、ここでは用語化と呼びたいと思います。用語化をすると、少し難しい事象も理解しやすくなります。包括的な概念になるんですよね。一方で、そうすると裏側で問題の本質を見失う危険性をはらむことになります。用語化の利便性と危険性、いわば表の顔と裏の顔ですね。このことを自覚して言葉を使うことが大切ではないかと思います。ここで意識していただきたいことはアフォーダンスという用語を覚えることではありません。大切なのは、子どもたち（そして私たちも）は「まわり」と常に関係をつくって暮らしていること、環境は可能性と制約を備えていること、発達とはその環境と柔軟に関係をつくれる力を身につけることであることを理解し、そのことを踏まえた環境づくりや援助のあり方を検討することです。

写真2-9　子どもたちは周辺にあるアフォーダンスを生かして遊ぶ

STEP 3

やってみよう！園庭デザインと保育者の関わり

1 遊具の選択・配置・空間構成・レイアウト

1 園庭づくりへのまなざし

園庭での遊びがワクワク・ドキドキしたものとなり、子どもが長い時間遊びに没頭できるかは、多くの要素によって左右されます。それらの要素には、園児自身の特性に関連する要因とそれ以外の要因（ここでは環境要因とします）があります。園児自身の特性とは性別や活動的な遊びの好き嫌いといった嗜好性などが挙げられます。一方で、環境要因には道具の種類と数、地面の性質、施設の遊びに対する考え方、保育者の関わり方などがあります。

ここでは特に園庭のレイアウトに着目して考えてみたいと思います。園庭レイアウトとは固定遊具の配置の仕方、用具を置く場所、固定遊具の周辺環境などのことを意味します。STEP2・3「子どもが遊びたくなる園庭」でもお伝えしましたが、用具を置く場所は非常に大切です。ここでは、筆者自身が行った研究（炭谷、二〇二〇）を基に、砂場での遊びとレイアウトを考えたいと思います。

2 傾斜付砂場のレイアウトと遊び

先にもご紹介しましたが、横浜市郊外にある川和保育園の協力を得て「傾斜付砂場」(通称：だいもれ)で遊ぶ園児たちを観察させてもらいました。川和保育園は園庭保育という考え方に基づいた保育を実践している保育園です。私は園庭内の様々な場所で遊ぶ園児の様子を動画に撮影してみました。その中から傾斜付砂場での遊びが一〇分以上継続して撮影できていた五つの遊び事例を対象に、遊びの展開を追ってみることにしました。分析に際しては、園児たちの砂場内での行為を「水の行為」「砂の行為」「移動」に分け、それらの行為が行われていた場所を「上部」と「下部」

あなたなら、どう変えますか？

に分けて行為の流れを記述してみました。

① 遊びの展開と偶発性

この観察を通して浮かんできたことの一つに、遊びの展開の偶発性がありました。この研究では遊びのプロセスを検討するために、遊び始め、遊びの展開の萌芽、遊びの展開、終わりのきっかけという四つの視点から遊びを記述し、その特徴を検討しました（表3-1：炭谷、二〇二〇）。

その結果、遊びが熱中（展開）する際、計画していたこととは異なる現象の発生や意外な発見といった予期していなかった出来事が関わっていることが分かりました。観察した五事例のうち、四つの事例で熱中と呼べるような状況が起こっていたのですが、その熱中のきっかけを見るといずれも偶発的な出来事が関わっていたの

写真3-1　傾斜付砂場の全景

事例	遊び始め	遊びの展開の萌芽	遊びの展開	終わりのきっかけ
1	園児A、B、C、Dが水を流すだけ。砂作業はせず、水を繰り返し流しては流れている水の様子を眺めている。５分くらいするとAとDが砂を触り始めた。水の流れをせき止める作業や水の流れとは無関係の砂作業が別々に進んでいた。	男児Fが14個のバケツと２個のジョーロを使って大量の水を一気に流した。水は堰から溢れ出て、水の流れとは無関係だった砂作業の場所にも流れた。Fは園長に「ただ流しているだけじゃ面白くないよ～。もっと貯めるとかしないと～」と言われた。	水流が複数になったことで砂の作業が分かれた。穴掘りや堰づくり、水路づくりが行われ、時折水を流しては作業の成果を確認して、砂作業を再開するという時間が続いた。最終的には水流が２つに集約され、それぞれの先に穴（ダム）と堰ができた。	園長らが簡易の屋根設置作業を開始。園児の意識が園長たちの作業に移った。保育士から着替えるように声をかけられた園児もいた。
2	男児Aが水を流しては流れを見ている。園児Bは穴を掘っている。水を流す園児は貯めようとしたり、園児Bと協力している感じはなく、流しては眺めている様子である。	園児Dが入ってきて、園児CとともにバケツやジョーロいっぱいのDの水を次々と流すと下のくぼみまで水が流れていった。その様子を見ている園児A、園児Bが「ウオォ～」などと大きな声を出して嬉しそうにしていた。するとその様子を見た園児C、F、Gが砂場に入ってきて、園児Eが大きなシャベルを使って穴を掘り、そこに園児C、Dがさらに大量の水を流し込んだ。	「こっちに穴掘ればいいんじゃない」などと話しながら園児E、Fが砂作業をさらに進めた。砂作業は上部と下部で別々に進んだが、上部で大量に流した水があふれ出し、下部にあった別の水流と合流した。途中、上部と下部の作業は別々に進んでいるように見えるが、時々下部の園児Lが「全然水が流れて来ないんだけど」などと話している。最後に上部と下部をつなぐように竹筒の路が作られた。	礼拝のチャイム
3	（撮影を開始した段階では遊びが始まっていたので、始まりは確認できない）	排水路をせき止めてダムに水を貯めようとした様子。せき止めた砂の中から水が滲み出してきた。	滲み出る水を止めようと、砂を運び埋めようとした。園児A「大変だ！早くしないと水が道路（園内にあるトラックのこと）に出てしまう」と頑張ったが、穴の一部が決壊して水が一気に流れ出した。園児たちはキャーキャー叫びながら、先生と修復作業をしていた。	別の先生がクラス活動のため教室に入るように促した。
4	一足早く園児Cが砂場に１名で入り上部で砂いじりをしていたところに園児A、B、Dが入ってきた。園児AとDは、前の遊びで使わずに残っていたと思われる、４つのバケツに入っている水をおもむろに一気に穴に流し込んだ。	園児AとDが８個のバケツを使って上部に水を運び、何かを相談しながらも掘られていた穴に水を流し込んだ。大量の水が一気にあふれ出て下部まで流れた。その後、２～３回穴に水を流しこみ、穴から溢れ出た水の通り路の途中に別の穴を２つ掘り始めた。	穴を掘っているうちに２つの穴がつながり、上部を縦断する溝となった。次にその中に木片をはめ込むことで水をせき止める作業が行われた。そこへ多くの水を流すと堰から水が溢れ出た。その流れが行き着いたあたりに、さらにせき止めるようにバケツ等を置いた。	園児が喧嘩し始めた。
5	（撮影を開始した段階では遊びが始まっていたので、始まりは確認できない）	園児A、B、C、Dが遊んでいた。上部中腹から下部にかけて水路があり、最下部にあるくぼみに流れ込んでいた。園児Aが中腹から水を流したり、くぼみに直接注ぎ込んだりしている。他の３人は木片を押すように使って砂を上部から削り下ろしてくるという分担になった。	くぼみから水があふれ出始めた。水作業をしていた園児Aは、削り下ろした砂を使って、あふれ出る水を止める作業を開始。しばらくすると水はあふれ出なくなった。次にくぼみに木製ブロックを浮かべて「橋」を作る園児A、砂を削り降ろす園児E、最上部で砂作業をする園児Dなどに分かれた。園児A以外は実習生に付いて砂場を離れたり、戻ったりしていた。橋を作っていた園児だけはずっとくぼみ周辺にいた。	学年活動開始の合図で砂場を離れた。

表3-1　観察された5つの遊び事例（炭谷、2020）

です。いずれの事例においても流した水が川や穴（池・ダム）からあふれるなど、園児が予想していなかった出来事が起こったときに遊びのエネルギーが高まっていました。例えば、事例3では園児AとBが砂場横の小川から反対側にある穴に向かう水路を作り、穴に水を貯めようとしていました。しばらくすると穴の水は大量になります。いよいよある箇所からあふれそうになったので、園児たちはそこを食い止めようと砂を懸命に運びました。ところが、しばらくすると全く異なる箇所が決壊し、砂場の外に水があふれ出したのです。それを見た園児たちは口々に「ワ～」「キャ～」「早く止めろ～」と叫び、水路として使っていた竹筒を外したり、決壊した箇所をせき止めたりと走り回っていました。この例のように、ワクワク・ドキドキはあらかじめ考えられていたような場面ばかりではなく、むしろ偶発的に起こった出来事によって生まれていたのです。

②　砂場遊びに果たす「水」の役割

傾斜付砂場の観察から見えてきた二つ目のポイントは、砂場での遊びを楽しくする上で水が重要な役割を果たしていたということです。五つの事例のうち四つは傾斜付砂場の周囲を流れる小川から汲んだ水を使った遊びであり、熱中が生まれなかった事例5のみが水が中心的な役割を果たしていない遊びでした。五つの遊び事例のうち、遊び始めから確認できたのは三つの事例でした。それら三つの全てで傾斜付砂場に最初に入った園児が水を流すことから遊びを始めていました。その子たちは水を流す前に何かを相談したり、計画したりせず、とにかく水を流しているだけ。それはあたかも砂場の状態を水の動きで確かめているかのようであり、水が貯まったところをさらに深く掘ったり、水が流れた跡を水路にしたりという、いわば水の動きに沿って遊びが進められ、水は砂場の様子を知るための道具になっていました。

もう一つの水の役割は、別々に遊んでいる園児をつなぐというものでした。確認された事例では上部と下部もしくは左右などいくつかの小グループに分かれて砂遊びをしていました。事例2では、最初は上部と下部で別々に水路づくりが行われていたのですが、途中上部から流し

写真3-2　傾斜付砂場の上部・下部の区分

た水が下部で作業をしている園児たちの水路に流れ込んだりして、そこから、今度は上部と下部の遊びがつながって、徐々に一つの水路づくりへと発展。最後には二箇所の水路と途中に作られたダムをつなぐように竹筒を使った水路ができ、一つの大きな水脈づくりへと向かっていました。次の活動があったため残念ながら未完成のまま終了してしまいましたが、水が偶然に近くの遊びをつなぎ、次第に遊びが拡大していました。

写真3-3　大量のバケツで水を流す（事例1）

写真3-4　水路づくりが進む（事例2）

③ ワクドキ砂場を可能にしたレイアウト

この傾斜付砂場には「だいもれ」という通称がつけられています。これは水が大量に漏れ出すことを表す「大漏れ」に由来するのだそうです（寺田・宮原、二〇一四：奥田・炭谷、二〇一八）。いわば、偶然の出来事である「漏れ出す」ということをデザインしたレイアウトと言えます。この場所のレイアウトの中で最も重要なものはもちろん傾斜です。その傾斜はひな壇状の土台の上に山砂を敷いて作られた傾斜ですから、作業をする際の姿勢が安定します。また傾斜は下部の方がやや急で、上部は緩やかに作られているという工夫が為されています。上部に行っても安心感を持って遊べるんですね。砂場の脇には移動しやすいように園児の歩幅に合わせた置石が埋め込まれています。この置石が非常に重要で、実際に水を持った移動の際にはこの石段の使用頻度が格段に高くなっていました。このように傾斜のデザイン一つをとっても、子どもの動きに合わせて微に入り細

写真3-5　せき止めて水を貯める園児たち（事例3）

写真3-6　最初は分かれて作業（事例２）

写真3-7　水があふれ出して興奮する園児たち（事例３）

写真3-8　バケツ・木片を使って水の流れをせき止める園児たち（事例４）

写真3-9　水が中心的役割を果たさなかった遊び（事例５）

に入りいくつもの工夫が為されていました。

道具もワクワク・ドキドキを生み出す仕掛けとして見逃せません。この傾斜付砂場にはバケツやジョーロ、水路を作るための竹筒などが大量に準備されていました。バケツは園児が運べるくらいの量の水を汲める大きさのものが三〇個以上はあり、ジョーロも一〇個くらいはあったと思います。また竹筒は大小のものが二〇本以上はありました。園児たちはこれらの道具を砂場の状況に合わせて選んで遊ぶ。これが選択肢ですね。時には竹筒を使って水路を作りますし、時には大量のバケツとジョーロを使って上部まで水を運んで一気に流します。こうして大量の道具に支えられた遊びのバリエーションは尽きることがありません。

写真3-10　途中から水路を通じてつながる（事例4）

④ 生態学的地図

一般的に場所を記述する方法（地図）は客観的な測定が可能な形（長さ、距離、空間的配置）のみに基づきますが、子どもが外遊びをする場所を描くには、〝そこでできること〟に基づいて表すことで、場所の理解が変わる可能性があります(Heft, 1988)。例えば、登ることができる(climb-on-able)とか、走ることができる(run-able)、座ることができる(sit-on-able)などの表現で場所を表すことが可能だということです。

このような〝そこでできること〟は、ＳＴＥＰ２・コラムで説明をしたアフォーダンスと関係することです。このアフォーダンスに基づいて傾斜付砂場を描写した地図、いわば生態学的地図とでも言うと良いでしょう。ＳＴＥＰ２でも説明した通り、園児の身体サイズや発達段階、能力によって、アフォーダンスは同じ場所であったとしても個人差があります。三歳児にとっては、石段があったとしてもバケツいっぱいの水を傾斜付砂場の上部に持って上に行くことは難しいかもしれませんが、四歳児なら可能というような感じです。図３-１の生態学的地図は

写真3-11　大量のバケツを使って遊ぶ園児たち

あくまでも四～五歳児を対象としたものです。このような地図を作成するためには園児たちが実際に遊んでいる様子を観察し、園児たちがそこでしていたことを丁寧に記述することが必要です。私たちが観た園児たちは、砂のある場所では〝水を流す〟、〝貯める〟、〝建設する（穴を掘る、路を作る）〟という行為をしていましたし、石段では〝水を持って登り降り〟を、用具置き場は道具を〝置く〟、〝選ぶ〟、〝想像する〟場所でした。生態学的地図は、その場所を使う人たちにとってのその場所の意味を描いています。読者の皆さんも、ワクワク・ドキドキを生み出す園庭を作る上で、観察に基づいてぜひ地図を描いてみてください。園児にとって楽しい遊びを生む場所に特有のアフォーダンスや用具のレイアウトの特徴を浮かび上がらせることができるかもしれません。これを用いて、根拠を持った園庭デザインにチャレンジしてみてください。

写真3-12　大量のバケツに砂を詰める

図3-1　傾斜付砂場の生態学的地図（炭谷、2020）

写真3-13　豊富な道具が遊びを活性化する

2 危険と安全をどう考えるか

1 危険に対する考え方の基本

徒然草に有名な「高名の木登り」という逸話があるのをご存じでしょうか。

〈現代語訳〉

木登りの名人と評判の男が、人に指図して高い木に登らせ、上の方の枝を切らせているとき、危険だなと思われる高所にいるあいだは何とも言わないでいて、男が下りだしてもう家の軒くらいのところまで来たときになって、声をかけ、「怪我するな、注意して下りろ」と言った。そこで見ていたわたしが、「こんな低いところまで来ては、飛び下りたって下りられように、どうしてわざわざそんな注意をするのかね」と言ったところ、名人が言うには、「そのことでございます、問題は。目くるめくほど高いところで、枝がしなって危ないくらいのところにいるあいだは、当人自身がこわがって十分に注意して下りますから、こちらから言うには及ばないのです。怪我というものは、そういうときではなくて、安全なところまで来たときに必ずするものなのですよ」。身分の低いつまらぬ者の言った言葉であるけれども、その言うところは聖人の教えにかなっている。（後略）

中野孝次訳著『すらすら読める徒然草』講談社、第一〇九段、一二九―一三一頁より

この逸話にある通り、安全と危険というのは一概に論じることはできません。子どもも危険を理解しています。試しにジャングルジムの天辺に初めて登った子の手を観察してみてください。必ず固くジャングルジムを持ち、絶対に離そうとしないはずです。これは危険が分かっている証拠であり、「注意して下りろ」と声をかける必要はありません。ところが、あと一歩で地面に着くというところまで降りてくると、見慣れた景色に近づいてきてホッとして油断をするわけです。こういうときこそ子どもが自分で自分の身を守る力が必要になります。

教材としての危険

幼児教育・保育において安全面の問題は常に気になるところです。特に訴訟問題につながりかねない部分でもありますので、どうしても慎重になってしまいます。危険イコール

大人が排除すべきものという認識が当たり前のものとして保育者にも保護者にも浸透しているようです。でも、本当にそうでしょうか？「ちょっと怖いけど、あそこまで登ってみたいな」と上を見上げる姿、「えいっ」と勇気を振り絞ってチャレンジする姿、チャレンジして登ることができたときの園児の誇らしげな顔が私には神々しく見えます。本書はワクワク・ドキドキという子どもの心もちがキーワードになっていますが、実は危険がこの心もちを生み出す一つのキーアイテムなのです。子どもの育ちを考えた場合、我々大人はちょっとした危険が排除すべき敵ではなく、子どもを育てる材料、そして仲間であるということを再確認したいものです。

本当の安全とは何か？

子どもにとっての本当の意味での安全管理は何か？ と問われたら、それは子ども自身が自分で自分の安全を守れることです。大人だって完璧ではないのですから、大人が子どものことを年中守ってあげることはできません。大人が守ってあげるという考えは大人のエゴ、思い上がりだとすら私は思います。ですから、子ども自身が自分の安全を守る力をつけるために大人は工夫をしなくてはならないのです。

例えば、乳児室の前に柵を設けている園が多くあると思いますが、これも再検討の余地があります。一歳児であっても、ハイハイができるようになった子はアフォーダンスを理解しています。自分が降りられないところを降りようとはしません。高さを自分の目で測り、そこを降りられるかどうかを自分の力で判断をすることも立派な自力での安全管理です。一方で、万が一のことが起こった場合を考えるのが大人の役割です。その工夫の仕方は次項でも詳しく述べます。

子どもたちは自分で自分の身を守る力を持っています。いまの子どもたちに足りていないのは経験です。危険を自分で感じ、それができるかどうかを考え、葛藤し、チャレンジしてみる。そんな経験を積み重ねることで自分の安全を守る力を身につけます。ところが、いまは大人がそれを統制して、すぐにやめさせてしまいます。私が子どもの頃、ブランコのまわりにある柵の上に立って「ドンじゃん」という遊びをしました。ブランコから飛び降りる遊びもありましたし、高鉄棒の上に座って友達とおしゃべりもしました。ブランコからおっこちて、上から降りてきたブランコが頭にぶつかったり、おにごっこ中に他の遊びをしていた級友と正面衝突をしたりしたこともあります。でも、その経験があったからこそまわりを見るようになったし、身のこなしを身につけたと思います。いまの子どもたちに必要なのは経験です。ここからは具体的に、安心して危険を経験できるワクドキ園庭づくりについて考えたいと思います。

2 園庭管理における三つの工夫

ワクドキ園庭づくりの安全管理において大切にしたいことは三つあります。一つ目に入園時および日頃の保護者とのコミュニケーションです。子どもは保護するべき存在であるという認識を持っている保護者は少なくありません。間違ってはいませんが、保護ばかりではいけません。幼稚園等の考え方を丁寧に伝え、園が行っている工夫を説明して理解を促す必要があります。ここでいろいろな意見が出るかもしれませんし、その声に耳を傾ける必要はあります。ただ、耳を傾けつつ、保育の専門家として危険の教材的価値、排除すべき敵ではなく、上手く付き合いたい仲間であることを説明しましょう。前項までの話を、具体例を用いながら説明します。実際に園内の子どもたちの遊びの様子を写真付き、イラスト付きなどで紹介しながら、子どもたちがこれから身につけていく必要がある能力、そのための園内での仕掛け、家庭でしてほしい工夫などを具体的に説明してください。

二つ目に大切にしたいのは大きな事故につながらない環境づくりです。もし何かが起こったときであっても、生命に関わるような事故があってはならないわけです。大人は「最大限」子どもを守ろうとしてしまいますが、それではワクドキな遊びは期待しにくくなります。万が一のことが起こった場合に生命に関わるような事故にならないための「最小限」の保護を大人はしておく必要があるということです。例えば、川和保育園では園庭の木の下にクッションを敷いていました。もちろんトランポリンのような柔らかさのものでは思うように遊べませんから、大人が踏み込めばちょっと沈むくらいの硬さのクッションです。でも、このクッションがあるだけで万が一高所から落ちたとしても、生命に関わるような事故になる可能性は大きく減ります。他にも、子どもの能力以上の高さに登れないようにするために川和保育園の園庭には階段が一つもありませんでした。高いところに登るには、子どもが自力で登らなくてはいけないようになっていました。階段があると例え一歳の子どもであっても高いところに登れてしまいます。その怖さが分からないままに高いところまで登れてしまうわけです。この方がよほど危険です。高いところに登れるまでにハードルがあると、その力を身につけた子どもは高さの危険を理解し、それに対応する能力が身についていきます。それが身につくまで高さを獲得することができない園庭を作ることもワクドキ園庭づくりの大事なポイントです。

三つ目はルールづくりです。多くの園では、何が危険で何が危険でないかをその都度大人が声をかけて決めている感じがあります。「これはいい」「これはダメ」と大人がいちいち声をかけている園庭で子どもが主体的に、自由に遊ぶことは難しい。いちいち大人に声をかけ、「先生、~してもいい?」と尋ねて歩かねばなりません。園庭を作る際は、少しずつでも良いのでルールも併せて作りたいものです。

滋賀県甲賀市にある水口幼稚園には冒険の森という大型遊具があります。園庭の大部分を覆っているこの木製遊具は高さが五mほどと、子どもにとってはかなりの高さがあります。この遊具で遊ぶ際のルールはたった二つです。一つは柵に登らないこと、もう一つは上で人を押さないことです。この二つさえ守っていれば、あとは自由に何をして遊んでも構いません。この遊具にも実は階段がなく、上で遊ぶためには登り棒やクライミングウォール、ロープなどを登って上に行かなくてはなりません。遊具の下ではストライダーを駆って猛スピードで走り回る園児もいますが、不思議と衝突したり、転んだりということはなく、見事な身のこなしで自在に遊んでいました。私がこのルールをまだ理解していないうちに柵に足をかけたことがあったのですが、年長クラスの園児が「柵を登っちゃいけないんだよ」と教えてくれました。

大切なことは安全を守る上で最低限のルールを二～三つしっかりと定め、子どもたちに徹底すること。そして、子どもたちがそれを自分たちで守ろうとすることです。自由遊びといっても、何をしても良いということではありません。最低限の線引きを全員で共有し、それを自分たちの手で徹底する。これがワクドキ園庭に必要な社会性だと私は考えます。

3 自由遊びを活性化する保育者の役割

1 保育者の関わり方

保育者の関わりで大切なことの一つは、「偶然を必然に変える」ことです（寺田ほか、二〇一〇）。園庭にはたくさんの偶然の出来事があります。それを単なる偶然の出来事とするのか、その中に面白さを見出し、新しい発見をするのか。大人がその目を持っているかどうかで園児たちの気づきも変わってきます。幼稚園等における遊びの質を規定する要因の中でも幼稚園等にいる大人（保育者や保護者）が持つ遊びに対する考え方や実践内容が、最も影響力のある要因の一つです。ＳＴＥＰ３・１で紹介した傾斜の付いた砂場のデザインは、園児たちが自分で考え、自分で遊べるよう、多くの選択肢と偶発的出来事が生まれる可能性を持った場所を作ろうと考えた大人たちがいたからこそ、為しえたことだと思います。また、園児たちが偶発的な出来事を見逃さずに遊びのきっかけとしたこともまた、大人たちの日頃の保育態度から学んだことなのかもしれません。そう考えると、園児がワクワク・ドキドキしながら遊ぶことのできる園庭づくりで大切なのは大人の存在なのかもしれません。

2 保育者の専門性

園児は遊びの時間を最初からフルに、自分の力だけでうまく使えるわけではありません。ときには「先生これやって」とせがんだり、自分でやりたいことがよく分からない園児もいます。そんなときにどう支えるか？ それには、STEP2・4の②構成遊び（五八頁参照）に分類された遊び方が重要です。先生が遊びを開始した後、徐々に園児に遊びの方向づけを預け、あまり先生が介入することなく、でも目的に向けて遊びを上手にリードすることが先生の一つの仕事になります。これによって園児たちは少しずつ「自由に遊べる園児」になっていきます。それを支える保育者の役割は、保育者にとっての大切な専門性の一つです。

STEP2でも触れましたが、自由遊びは多くの選択肢と出会える可能性が高いですが、構成遊びではあくまでも保育者が準備した枠組みの中での環境との出会いになります。自由遊びに含まれる遊ぶ場所、使う用具、一緒に遊ぶ友達など選択肢の豊かさは構成遊びとは比較になりません。園児たちはまわりを見て、考えて、どこで遊ぶか？　そこで何をするか？　しないか？　何を使うか？　を考えて遊びます。ところが、園児にとって全くの自由であるということは難しいことでもあります。遊びの経験が少ない幼児にとってはなおさらです（STEP3・コラム「オープン遊具とクローズド遊具」）。

そんなとき、保育者がファシリテーターとしての役割を果たすことで遊びに入り込みやすくなります。保育者は子どもたちに遊びの入り口を示したり、用具を準備したり、ちょっとした方向性を提案してみたりする役割を果たすことで子どもは遊びを進めやすくなります。最初は保育者が遊びを導入して、子どもたちの遊びが自走し始めたら、先生はその様子を見守るだけです。時には子どもたちから離れても構わないと思います。時々、遊びに入れない子がいたりしますので、そのときは促してみたりしても良いかもしれません。目指すのは子どもたちだけで遊べるようになること。つまり、園庭での先生たちの仕事は、遊んでいる間、自分が不要になることを目指しているわけです。

では、揉め事が起こった場合はどう対処するでしょうか？　揉め事やトラブル、怪我が起こりそうな危険なシーンがあったらいけないから、常に見守っていないといけないと考える先生はたくさんいますが、自由に遊べる能力とは、安全と危険を判断し、問題を自分たちで解決する力も含まれます。安全か危険かの判断は子どもにはできないと思ってしまいがちですが、そんなことは決してありません。判断ができない子どもは、経験がないから判断ができないのです。子どもにとって一番危ないのは、体験がないが故に自分が置かれている危なさを感知できないこと。だからこそ、危険を完全に遠ざけるのではなく、危ないことやトラブルが近くに起こりうることを意図的に意識させることが大切です。危険を意識し、予測し、回避する。また危険だと分かっていて葛藤しつつもチャレンジするなどの経験を通じて、子ども自身が自らの身を守る能力を身につけることにつながるのです。

Column
オープン遊具とクローズド遊具

遊具を考える際、遊具はその遊具の遊び方が分かりやすいかどうかによって二つの種類に分けられます。ここでは、使い方が明瞭で他の使い方がそれほど多くない遊具を、クローズド遊具(Closed-Function Play Equipment)、多様な使い方が可能で、一見どう使って良いか判断に迷うような遊具をオープン遊具(Open-Function Play Equipment)と呼ぶことにします。例えば、ブランコがあれば子どもはとりあえず乗って揺れようとしますし、滑り台があれば滑ろうとします。こういう使い方が分かりやすく、それ以外の使い方が少ないという特徴を持った遊具がクローズド遊具です。一方、写真3-14のような遊具は、使い方が特に定まっていなくて、多様な可能性があるように見えます。上に乗っておしゃべりをしても良いし、おにごっこの基地や牢屋に使うこともできそうです。こういう特徴を持った遊具がオープン遊具です。

オランダの研究グループが二〇二〇年にある公園で遊ぶ子どもたちのデータを取り、遊びの傾向を見ました(van der Schaaf, Caljouw&Withagen, 2020)。すると、子どもたちはオープン遊具をあまり使わず、クローズド遊具を好んで使っていたことが分かったんです。同じ公園内にあったジャングルジムやブランコといったクローズドな遊具の使用頻度が高く、オープン遊具を使おうとした子どもは少なかったのです。ところが、発達段階が上がり小学校高学年になるとその傾向はなくなり、クローズド遊具とオープン遊具を使う頻度は同程度になったことを明らかにしています。どうしてだと思いますか？

研究グループは、オープン遊具は使い方が分からないので、使い方のヒントが示されているクローズド遊具を好んだのではないかと考察しています。いわば、オープン遊具では、とりあえず使ってみる入り口が見つけられなかったということです。

自由遊びと構成遊びも似たような傾向があるのかもしれません。いわば自由遊びがオープン遊具、構成遊びがクローズド遊具と似ています。何をしても良いよと言われると遊び

写真3-14　オープン遊具の例（van der Schaaf, Caljouw&Withagen, 2020より）

のレパートリーや能力を持っている子どもでもあればいろいろな可能性を探って遊び方を自分で構成できますが、まだその力がついていない子どもたちはどうしていいか分からず、途方にくれてしまいます。構成遊びであれば、子どもたちはまずは先生から示された遊び方をやってみます。その中で、他の子どもたちの振る舞いを真似しながら遊ぶこともできます。また、ふとした拍子に誰も気づいていなかったアフォーダンスを見つけて遊びが全く違う展開を見せるかもしれません。そうなると子どもたちは大喜びで、遊びは自由にどこまでも羽ばたいていくことでしょう。まだ発達段階が低い子どもたちは「自由に遊んでいいよ」ではなく、遊びの入り口を先生たちが提案し、まずはやってみる構成遊びから入るのが自由遊びの活性化には必要なファーストステップなのかもしれません。

STEP

ワクドキがとまらない！まねっこしたい園庭アイデア

1 認定こども園さざなみの森

園庭での遊びは園庭以外の要因も関わって成立しています。まず園の保育理念・哲学があり、園のルール、園舎の特徴や保育室での遊びなども園庭での遊びに影響します。また、保護者や地域社会とのつながりなど社会的な要因も大切です。園庭の役割は保育や周辺地域との関係の全体を見通した中で考えられるもの。ここでは、長い年月をかけて子ども中心の保育とそのための環境づくりを実践してきた広島県東広島市にある認定こども園さざなみの森（以下、さざなみの森）と、いままさに自然環境を活かした園づくりを試行錯誤している滋賀県の長浜市立長浜南認定こども園（以下、長浜南認定こども園）を事例として、ともに学びを深めていきましょう。

1 さざなみの森の保育

一九七九年の設立に向けて保育理念・保育実践を他園の実践例や園舎建築から学ぶ中、

当時のスタッフたちが「子ども中心の保育」「直接体験から自分で学ぶ」という保育理念を導き出しました。次に、この保育理念を具体化するために、大切だった場所の選定から始め、六箇所の候補地の中から現在の園地を選定しました。この地を選んだ理由は、山からフィンガー状に裾野が広がる地形だったからだそうです（写真4-1-A）。

さざなみの森の園庭は自然の地形をそのまま活かしており、園庭の中に傾斜があります（写真4-1-B）。園庭内には緩急いろいろな傾斜があり、子どもたちはそこを登ったり降りたりしながら走り回って元気に遊んでいました（写真4-1-C）。遊具はぎっしりと置かれているというよりは点在している感じで、遊具同士の関係を考えて置かれているものもあれば、独立して置いてあるものもあり、一つ一つが考えられています。この園庭はこれまでいくつものテーマで、多くの工夫が為されてきました。園庭づくりのプロフェッショナルの協力を仰ぎ、「思いきり力を出し切れる場所」「ほっとできる場所」「存分に試すことができる場所」など複数のテーマで取り組み、また植栽にも気を配り樹種を混ぜて植えながら、園庭内に鳥や蝶々が集まるように工夫をしてきました。それらのことを踏まえ、ここでは特に二つの取組から具体的に学ばせてもらうことにします。

4-1-A　山からフィンガー状に裾野が広がる

4-1-B　園庭は斜面がたくさん

4-1-C　園庭を走り回る園児たち

2 食べられる園庭（Edible Playground）

ある年の七月初旬、Mちゃんがおやつに食べたスイカの種を大切にとっておきました。スタッフの大村恵さん（通称おめぐさん）に「これを畑に植えたい」とお願いし、一緒に埋めることにしました。それから「大きくなっているかな」と何度も見に行きますが、Mちゃんが思うよりもスイカの成長は遅かった。七月下旬にようやく本葉が出てきて、八月の下旬に小さな実が二つ付きました。八月の最後の日に他のお友達も一緒に見に行ったとき、
おめぐさん「Mちゃん、スイカが見えるよ。あそこに。こっちから見てみて」
M「ちっちゃいスイカ？」
おめぐさん「うん、見える？」
T「あ、ほんまじゃ」
M「まだとれんのん？」
おめぐさん「まだちいちゃいけど、前よりすごく大きくなっとるね」
M「ねえねえ、あれがほんものなん？ おめぐさん」
おめぐさん「あれ、ほんものよ（笑）」
M「えっ、すごい！！！」

T「すごい〜」
M・N・T「やった〜!!」
九月中旬、ついに収穫。Mちゃんは自分で食べようとするのではなく、(乳児クラスにいる)「赤ちゃんに分けたい」と言ったそうです。乳児たちにそのスイカを見せ、自分の手で切り分け、大切に赤ちゃんたちに渡しました。「種が巡り、実り、分け与える。命のつながりを私自身が体感できた」(おめぐさん)(写真4-1-D〜G)。

食べられる園庭という理念は、一九九五年アメリカのカリフォルニア州のある中学校でアリス・ウォータースさんが行った校庭菜園に端を発するムーブメント(Edible Schoolyard)の流れを汲んでいます。種や苗を植え、実がなり、それを食べる。また、食・食材から社会、文化、歴史にまで関心が広がり、学びがどんどんと加速したのでした。このプロセスを繰り返すことによって、荒れていた中学校の子どもたちが次第に生き生きとした表情になり、地域の人たちもどんどんとこの校庭菜園に関わるようになっていったそうです。さざなみの森の「食べられる園庭」はまさにこのことを目指した活動です。

その様子を伝えるには、いろいろな野外での活動に関わっているおめぐさんにやはり登場してもらいましょう。おめぐさんは大学時代に環境問題を学び、その後も保育だけでなく

4-1-D
はやく大きくならないかな？

4-1-E
スイカの育ちが待ち遠しい

4-1-F　スイカがとれた～

4-1-G　乳児たちにスイカを渡す

環境教育や農林業を学んだ幅の広いスペシャリスト。食べられる園庭を支える中心人物です。おめぐさんの活動、言葉に耳を傾けることで、その手触りを感じていくことにしましょう。

食べられる園庭と生物リズム

二〇二〇年某日のおめぐさんの報告からの出来事です（写真4-1-H）。

〈おめぐさんの日報より①〉

午後、散歩で花見へ、と思ったが、花より団子のようで、
畑にいきたい！　水路へいきたい！　の声が大きくゆうやけ畑周辺で遊ぶ。

キャベツを生で食べる食べる、
ブロッコリーも収穫。
支柱の竹で釣り。
水路で生き物探し、ゴミ拾い。
野の草で花束づくり
と、それぞれ好きに遊ぶ。
スイバの茎を吸うのをやっていたら、子どもも次々と真似。

光も当たって、田んぼ畔で遊ぶ姿が美しい。
さんざん生でキャベツをかじったのだけど、調理した味も味わってほしいと、ごはんの部屋[*1]でアドバイスをうけ、少量の水、オリーブ油、塩で蒸し煮に。

食べる食べる！
食への欲求が半端ない。煮ると緑が濃くなることも発見！
「甘い！」と何回もおかわりしていた。

＊1　ごはんの部屋とは、調理室のこと。

私たちはいろいろなリズムの中で暮らしています。短いものでは約九〇分でひと回りする睡眠リズムがありますし、概日リズム、概月リズム、概年リズムなどいろいろな時間軸の中で生活をしています。一〇一頁の事例ではMちゃんはスイカがもっとはやく育つと想像していたわけですが、実際にはその成長は彼女が思っていたよりも遅かった。これによってMちゃんは体感的にスイカの成長のリズムを知ることになりました。また、生の野菜をムシャムシャと食べていた子どもたちも、未熟なものや完熟なものなど様々な味に出会い、その野菜の旬を、味覚を通して知りました。時間は空間と違って目に見えません。時間は、正確にコントロールするために時計を使って視覚化しますが、本来的には心身を通して感じるものです。食べられる園庭は、いろいろな時間経験を与えてくれ、時間感覚を学ぶ場でもあるのです。

4-1-H　生のキャベツも調理したキャベツもどっちも美味しい！

食べられる園庭と大人たち

もう一つの出来事。こちらは乳児さんとの出来事です（写真4-1-1）。


〈おめぐさんの日報より②〉

ノイエ[*2]の乳児さんと初の苗植え、種まき。

1歳さんも2歳さんもすごく貪欲。

Mちゃんは座り込んで、私が私の手のひらを開いて種をいれたのを差し出すと、
小さな手の指の先でつまんで、ここだよ、と指差したあたりに、指先を開いてばらまく。

Sちゃんは、苗も土において、種もまいて、

「お布団かけてあげると嬉しいんだよ」

と最初私が土をかぶせながら伝えたのを
「おふとんおふとん」と言いながら、土をかける。

Yちゃんも、種を蒔きたくて、ぐぃぐぃ前にきて、種をくれと手を差し出す。

M君は、枝豆の種をひとつ手渡すと、ぽいっと投げる。

「ここの穴だよ」と蒔く箇所を少しくぼませて、種を渡すと、今度は穴に向かって投げ入る。

周りや私が、「わぁ、入った！」と拍手したり喜んで
「やったねぇ」と伝えると、
満面の笑みが広がった。喜びと充足が伝わってきた。


この子ども達の能動性は、なんなんだろう。

なぜ、こんなにも興味関心を示し、貪欲だったんだろう。

＊2　ノイエ：乳児（0～2歳児）が暮らす保育分室のこと。本園とは少し離れたところにあり、実験的な保育活動を展開している。

食べられる園庭と聞くと、先生が主導して食べ物の種や苗を園庭に植え、子どもたちに係を与えて水やりをし、大きくなったら収穫をして持って帰るみたいな活動を想像してしまいがちです。さざなみの森の活動では、あくまでも主役は子どもたち。地域の人や大人たちのちょっとした仕掛けはあくまでも活動を支える存在です。子どもたちはその心のままに、自然と触れ合い、試してみる。大人はその様子を見守りながら、時に次の手を子どもと一緒に考える存在です。

もしかするとおめぐさん自身も単純に自然が好きなのかもしれません。子どもたちと一緒に自然を感じ、疑問を持ち、楽しみ、遊ぶ。食べられるものだけでなく、草花や虫、水や土、木々といった自然なもの、自分たちではコントロールできない、ありのままのものたちを、ありのままの子どもたちと一緒に味わい楽しんでいる。子どもと一緒にいる大人たちが「幼児教育における先生」であるとすると日々の保育がより学校的に、目的志向的な計画的活動となります。そうなると、子どもたちの心もちを感じ取ることを忘れ、教育

4-1-I　お布団をかぶせるおめぐさんと園児たち

を計画に沿って進めることだけに主眼が置かれてしまいがちです。

倉橋惣三は「よろこびの人は、子どものための小さき太陽である。明るさを頒ち、温かみを伝え、生命を力づけ、生長を育てる」としました。私にはおめぐさんがまさに子どもたちにとっての太陽に見えました。食べられる園庭を支えている大人が、子どもたちにとってどういう存在であり続けるか。締めつける存在なのか、緩やかに包み込んで安心を感じさせてくれる存在なのか。子どもたちの貪欲さは大人たちが醸し出す空気に支えられているのかもしれません。

3 ラビリンスの作成

さざなみの森には、スタッフの中に幾つかの係があり、そのうち一つが園庭係となっています。大切にしていることは園児の姿を見ながら、いま目の前にいる園児の想いをいかに汲み取り、形にしていくかを考えること。そのとき、子どもたちはどんな想いで何をしたいと思っているのか、ちょっと先のことを想像していま必要な遊具をみんなで考えます。既成の遊具を買うことも可能ではありますが、多くの場合、それは園児たちのいまの状況にどこか合っていない可能性が高い。だから、さざなみの森では遊具を作ります。ここでは、さざなみの森に五年間だけ存在した手づくり遊具「ラビリンス」についてご紹介します（写真4-1-J～L）。

スタッフの試行錯誤と苦労がつくった〝遊び〟

ラビリンスとは、森にある自然樹の枝を切ってそれらを組み立てた、いわば木でできたジャングルジムです。二〇一四年から二〇一五年にかけて、それまでと同様、園庭に何があったら楽しいかな？ 発達を促すことができるかな？ と園庭係で話していました。そこで、改めて園庭で遊ぶ子どもたちの様子を観察。すると「登る」という動作が浮かんできました。木に登る子たち、柵やフェンスに登る子たちなど、子どもたちは登ることが好き。そこで登れる何かを作ろうということになりました。その中で留意したのは、「箱型の簡単に登れてしまうものは作らない」ということでした。その理由は、安全面への配慮からです（STEP3・2）。

そこで、木の枝を活用した昇降を前提とした小さな試作品を作成。スタッフが自分たちで登りながらああでもない、こうでもないと幾度となく話し合い、木の枝を選定しながら少しずつ遊具を作り、子どもたちの遊ぶ様子を見て「ここに一本通したらどうだろうか」

4-1-J　試行錯誤しながらラビリンスを作る先生たち

4-1-K　園の大工さんも一緒に作る

などと意見を出し合って、定期的に増築を繰り返しました。

増築の際には保育者自身が山に入り、あの枝がいいんじゃないか？ こっちはどうだろう？ と話しながら枝を切り、園庭まで運んでくるという作業がありました。そのときを振り返ったスタッフの一人は「あれはもういいかな」と笑って振り返るくらい重労働だったようです。でも、その苦労が遊びをつくったのです。

三歳児以上の園児たちがラビリンスを楽しむ様子を見て、乳児クラスの子どもたちも次第に興味を示すようになり、乳児たち用のラビリンスも手づくりしたそうです（写真4-1-M～N）。最初は安全面の心配もありましたが、全くの杞憂。お兄ちゃんお姉ちゃんたちが

4-1-L　ラビリンスで遊ぶ子どもたち

4-1-M　乳児用ラビリンスも皆で知恵を出して作った

登っている様子を見ていたからか、上手に登り降りをしていました。

遊具づくりの三つのポイント

園庭係の先生にお話を伺った中で、手づくり遊具の大切な三つのポイントが浮かんできました。

一つは目の前にいる子どもたちの日々の姿から学び、感じ取る中で子どもたちの少しだけ先を予想して遊具を作ることです。遊具は育ちを促す装置という側面があります。育ちは子どもたちの特性、園の保育理念、スタッフの関わり方など、「そのとき、その場、その子」によって異なります。そのとき、その場でその子が環境との間にフィット感を持つことができるか。子どもたちの遊びの姿からその可能性を見出す目をスタッフが持っていることが求められているわけです。

4-1-N　乳児用ラビリンスで遊ぶ３歳未満の園児たち

二つ目に遊びを促す仕掛けです。作った当初、新奇性あるうちは子どもたちも喜んで遊びますが、その存在に次第に慣れると遊ばなくなる場合もあります。そんなときはちょこっとスタッフが遊んでみたりして、子どもたちにその存在を思い出させます。面白ければ遊ぶはずと考えるよりは、面白さを見出すまで少しの仕掛けが必要なのかもしれません。

三つ目はメンテナンスです。ラビリンスは手づくりなので、材料も十分とは言えず、時には割れてしまったりすることもあったそうです。そのときに活躍するのは大工さんです。さざなみの森には常勤の大工さんがいて、安全面や組み立て方など、大工さんと相談しながら、作成・メンテナンスしました。作る労力も大きいですが、維持する労力はもしかするとそれよりも大きいのかもしれません。作って終わりではないし、手づくりの場合は増改築も可能なので、完成することはないと言えるのかもしれません。

4 園庭づくりは試行錯誤の連続

私自身がこの園庭で遊ぶ子どもたちの姿を見て「昭和の頃の公園みたいだな」と感じました。本当に子どもたちが好きなように遊んでいる。これは簡単なようで、現代の社会では実はそれほど簡単ではありません。

さざなみの森では子どもたちのまわりに大人はほとんどいません。園庭のそこここに大人はいますし、見守ってもいます。時には大人が一緒に遊んでいることもあります。ただ、大人が遊びを管理している姿は見られない。転ぶ子がいても、揉め事が起こっていても、大人が一々介入することはありません。大人の存在感が薄く、子どもたちは大人の存在を意識していません。「〜してもいい？」と尋ねる姿を一度も見ませんでした。大人からの「〜をしてはいけない」という言葉を聞くこともありませんでした。そんな中で子どもたちはハァハァと息を切らしながら全力で遊んでいました。

難波元實園長は園庭づくりに正解はないと言います。さざなみの森の園庭づくりは試行錯誤の連続であり、いまでもそれが続いています。設立当初から園庭づくりの工夫を重ね、他の園を訪ね歩き、勉強を重ねているそうです。設立当時には静岡県富士宮市にある「野中保育園」をモデルにし、その設計を手がけた建築家仙田満さんが提案する環境構成を参考に遊具スペースを設置しました。一九八〇年代には自然スペースを増やし、畑なども作りました。

4-1-O　3段砂場の制作過程を全体に共有しながら課題を出し合う

一九九〇年代に入る頃には園庭に赤松が林立していましたが、一九九〇年代半ばに松枯れが起こり、ハゲ山状態に。そこから再度仙田氏が提案する遊環構造を参考に園庭を見つめ直しました。二〇〇〇年代には川和保育園の寺田園長からの学びを生かして、原っぱのような園庭を志向。地形を整えつつ、園庭内に再度森づくりを行いました。園庭での活動を充実するために、アーティストや建築家、園庭づくりのプロフェッショナルたちを招いて、さらに工夫を重ねました。先に紹介したラビリンスなどスタッフが自分たちで遊具づくりを進めるなど、現在に至るまで試行錯誤の連続です。

園庭づくりのことを考える際、園庭づくりの正解は何か？　を考える人が多くいます。ところが、目の前の子どもたちが変化し続けているのだから園庭も常に変化する存在であるはずです。とすれば、正解というものはありえない。いま目の前にいる子どもたちの様子

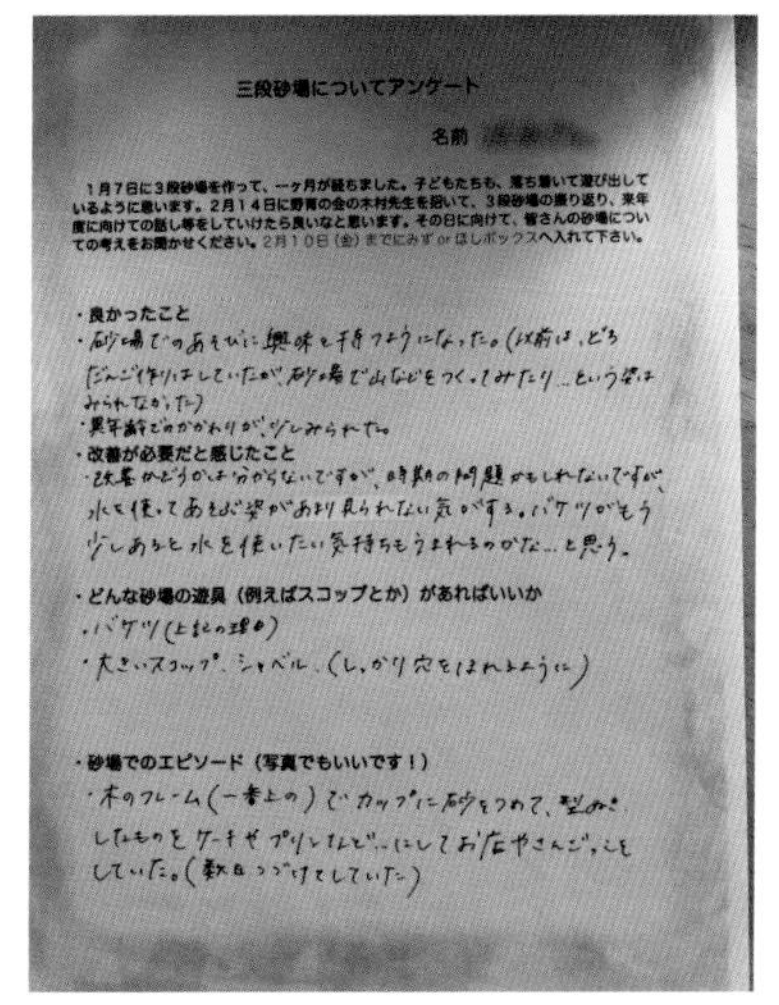
三段砂場についてアンケート

名前

1月7日に3段砂場を作って、一ヶ月が経ちました。子どもたちも、落ち着いて遊び出しているように思います。2月14日に野育の会の木村先生を招いて、3段砂場の振り返り、来年度に向けての話し等をしていけたら良いなと思います。その日に向けて、皆さんの砂場についての考えをお聞かせください。2月10日（金）までにみず or ほしボックスへ入れて下さい。

・良かったこと
・砂場でのあそびに興味を持つようになった。（以前は、どろだんご作りはしていたが、砂場で山などをつくってみたり…という姿はみられなかった）
・異年齢でのかかわりが、少しみられた。

・改善が必要だと感じたこと
・改善かどうかは分からないですが、時期の問題かもしれないですが、水を使ってあそぶ姿があまり見られない気がする。バケツがもう少しあると水を使いたい気持ちもうまれるのかな…と思う。

・どんな砂場の遊具（例えばスコップとか）があればいいか
・バケツ（上記の理由）
・大きいスコップ、シャベル（しっかり穴をほれるように）

・砂場でのエピソード（写真でもいいです！）
・木のフレーム（一番上の）でカップに砂をつめて、型ぬきしたものをケーキやプリンなどにしてお店やさんごっこをしていた。（数日つづけてしていた）

4-1-P　意見を出し合ってブラッシュアップを

から、その心もち、育ちを読み、園庭の仕組みの中に活かしていく。どのように遊んでほしいかを考え、子どもたちがどう遊ぶかを予想して、遊具を作っていく。この連続が園庭づくりなのです。

2 長浜市立長浜南認定こども園

1 長浜南認定こども園の保育

長浜南認定こども園は滋賀県の北に位置する長浜市にあるこども園です。長浜市はかつて羽柴秀吉が築城した長浜城があり、歴史豊かで、滋賀県湖北地域の拠点として活気のある街です。

長浜市では教育委員会を中心に、運動遊びに積極的に取り組んでいます。運動遊びを通して意欲と自信を高め、身体を動かすことが大好きになり、動ける「体」をつくるとともに、人とうまく関われる「心」を育成することを目的として積極的に推進しています。

長浜南認定こども園の保育理念は「心豊かでたくましく生きる子の育成～自分で考え・心やさしく・健やかに～」です。神田山が園庭から目と鼻の先にあり、豊かな自然環境に恵まれています。地域とのつながりがとても強く、地域で獲れた農作物をいただいて園児が持ち帰ることもしばしばです。

2　これまでの神田山での遊び

長浜南認定こども園は神田山と呼ばれる小さな里山を園庭の一部として自由に使って遊ぶことができるという恵まれた環境にあります。かねてから五歳児クラスは冬季以外毎日神田山に行っていました。地形を活かした坂の上り下り、山中探検、森の中にある池でのザリガニ釣り、木にロープをかけてのぶら下がりなど、自然環境を活かす工夫をしていました。ただ、先生たちはややもすると遊びが自然を享受するだけの受け身なもので、そのときそのときの単発な遊びになっているのではないかと感じていました。特色ある保育を目指す中で、神田山の豊かさをもっと活かせるはずだという問題意識を持つようになったと言います。

子どもたちの中には体を動かすことが好きな園児もおり、神田山での遊びが楽しみという園児も少なくありませんでした。一方で、自らやろうとしないとか、体幹が弱い、動きがぎこちない園児も少なくなかった。また保育者との関わりが多くなり、依存的になりがちで、自分で判断する力や乗り越える力が弱い、と先生たちは感じていました。これらのことから運動機能の向上と主体的に遊ぶ力の育成を課題とし、神田山を生かした遊びを育てる取組をスタートしました。

3 神田山を活かす新たな遊びの工夫と子どもたちの姿

まずは高さ三mくらいの崖に昇降できるようにロープを常設し、登り降りを繰り返し行えるようにしました。また、木々の間に竹を渡して一本橋や二本橋があるエリア、ロープ潜りをするエリア、二本の木の間に竹を渡してぶら下がれるエリアを常設しました。ロープにぶら下がる遊びは元々あったのですが、複数箇所で遊べるように増やし、さらに遊びのレベル分けができるような工夫をしました（STEP2を参照）。ロープのぶら下がりではロープの長さは長短二種類。短い方は揺れが小さいので、比較的安心してチャレンジできますが、長いロープは揺れが大きく、スピードも出ますのでちょっと怖いかもしれません。そして、現在のこの遊びのクライマックスはロープキックです。ロープキックはロープ自体が長いですし、ターゲットは木に付けられているので、木に向かっていくようなイメージで揺れることになります。激突することはないようにロープの長さは調節してありますが、園児にとっては動きの調節や気持ちの面で難しい遊びです（写真4-2-A～D）。

4-2-A　短めのロープを使った遊び

4-2-B　ロープを使った崖登り

4-2-C　かなり急な斜面を降りる

4-2-D　ロープキックにチャレンジ

エピソード1：Tちゃんのロープキック

夏のある日、五歳児クラスのTちゃんがロープキックにチャレンジしたい心もちを持っていました。でも、「怖い」と言って実際にはチャレンジはしていませんでした。ところが、友達が列に並ぶ姿を見たTちゃんは勇気を出して列に加わりました。少しずつ自分の番が近づき、怖さとやってみたさの葛藤がにじみ出ています。いよいよ自分の番になるというところで、列の一番後ろに下がってしまいました。やはり勇気が出なかったようです。それでも、諦めるのではなく、もう一度並び直しています。並び直したTちゃんは他のお友達がキックしている様子を真剣な眼差しで見ていました。あるお友達が見事に的を蹴り上げる様子を見て、「すごっ」と驚嘆の声をあげたかと思えば、「やっぱやめようかな」と弱気な姿を見せ、いったんロープぶら下がりへと移動してしまったりもしました。そこで何回かぶら下がりをやったTちゃんは、再びロープキックへ戻ってきました。Tちゃんなりに一度練習をしてきたんでしょうね。今度は自分の番が来て、チャレンジすることができました。チャレンジしたもののターゲットに足が届かず、「痛いわぁ」と笑顔で言いながらロープを次の人に手渡しました。するとすぐに列の最後尾に並び、またチャレンジ。今度も足が届かずにうまくいかなかったのですが「楽しい」と言いながら山の中へ入って行きました。

しばらく他の遊びをしていた後、Tちゃんはまたロープエリアに戻ってきました。先ほどロープキックを二回ほどチャレンジしたので遊びそのものへのハードルは下がっていました。あっさりとやってみたのですが、やっぱり届きません。ちょっと勢いをつけて懸命に足を伸ばすものの何回やっても届きません。「だってマメが痛いんだもん」と言いながら自分の中で折り合いをつけています。

ちょっと休んで（諦めて？）ロープぶら下がりの方に行くものの、他の園児がロープキックをしている様子を見るとやっぱり諦めきれなくて戻ってくるという繰り返しでした。何回やってもやっぱり届かず、助走の長さを変えたり、勢いをつけるために力強く踏み切ったりして、先ほどまでのビクビクした様子は微塵も感じられなくなりました。「あと少し！」と言いながら、何回もやりました。でも結局、その日ターゲットに足が届くことはありませんでした。それでもTちゃんの顔は晴れ晴れしていました。満面の笑顔をたたえながら、友達と再び山の中に入って行きました。

Tちゃんの姿から読み取れることは少なくありません。Tちゃんは数十分の間にいくつもの心もちを経験していました。最初は恐怖と好奇心が混ぜ合わさった葛藤があり、それを克服するために練習してからチャレンジしようという工夫もありました。練習の後、軽やかにハードルを跳び越えたチャレンジがありました。その後はうまくいかない悔しさと言い訳をしたい気持ち、目標達成に向けたチャレンジの繰り返しがありました。そして、うまくいかなかったけど、気持ちよく遊ぶことができた満足感を示してくれていました。

エピソード2：崖を自分の場所にしたKくん

ある夏の日。Kくんは崖に設置されたロープを使って崖を登っていました。最初は足裏全体を着き、ロープに全身を預けながら「ヨイショ」と言いながら登っていたKくん。右端のロープを両手で握り、足元を見ながらゆっくり登っていました。また別の日は、途中で足が滑ると片手を地面に着き、地面に着いていた手を伸ばして隣のロープを持ち、「ダブルロープ」と笑って二本のロープを片手ずつで握りながら登っていきました。登り方のバリエーションが少しずつ増えて、転んだりしても対応ができるようになっている感じです。足が滑って膝を着くことがあっても、ロープを持つ手は離さず、最上部まで登りきって両手を地面に着いて四つ這いになると最後は「えい！」と言って登りきり、「崖が滑った～」と笑いながら両手をパンパンと打って土を払う。ちょっとくらい転ぼうが手を着こうがKくんは余裕です。最初の頃のビクビクした感じはありませんでした。

秋になるとその登り方はさらに違っていました。脇をぐっとしめ、両手をロープにそってスルスルと滑らせ、足は右、左と崖に着けて降りていく。先生が「崖のプロやな」と言うくらい、上手に登り降りをするようになっていました。ロープを握って横に移動しながら、途中にある三本の木にロープをそわせるようにしてひっかけ、隣にあるもう一本のロープに手をかける。右足、左足と崖にかけながら進みましたが、ロープを両手でぐっとおなかあたりでひっぱりながら、途中両方の足で崖を蹴って跳ねるように急斜面を登っていました。その姿はまるで消防隊員。先生が「レスキュー隊になれるで」と声をかけたくらいでした。

一二月には同じ崖を登るのにロープが要らなくなりました。片手に木の棒を持ち、一人で崖へ向かいました。崖の斜面に手をかけ、持っている木の棒で斜面に穴を掘り出したのです。少し穴が掘れると、そばに二本生えている木の根っこの一本を左手でつかみ、もう一本の木の根元に左足をかけ、先ほど掘った穴に右足をかけて崖を少し登る。再び別のところに木の棒で穴を掘りましたがあまり穴が掘れず、一旦崖を降り、場所を変えて崖を登りかけます。そこへ他の子が来て、先ほどKくんが登ろうとしていた場所を登ろうとしました。それを見てKくんは「そこ、(木の)とげがあるから気をつけとき。とげとか石とかささることがあるから、気をつけとき」と声をかけます。その姿は崖が自分の場所であり、知り尽くしているという感じでした。

4-2-E　ロープを使って登るKくん

4-2-F　ロープが要らなくなったKくん

エピソード3：ある男の子と斜面の出会い

これは秋の日のことでした。三歳児クラスが斜面で遊んでいたとき、Aくんが斜面を降りようとしている姿を見かけました（写真4-2-G）。そのとき、他の園児は斜面の脇にある階段を使って降りていたのですが、Aくんは斜面をそのまま降りようとしていました。後から聞いた話ですが、Aくんはどちらかというと臆病なタイプの園児で、チャレンジするような感じはそれまではなく、斜面を降りようとはしなかったそうです。ところがこの日、彼はチャレンジする心もちになっていました。先生はちょっと心配になって「無理をしなくていいよぉ。こっちから降りよぉ」と声をかけましたが、Aくんはそろそろと恐る恐る足を伸ばし、ゆっくりと降り始めました。写真の通り、私はすぐ近くにいてその様子の一部始終を見ていましたが、彼の足がその心もちを物語っていました。足の裏で斜面と対話をしている感じです。大丈夫？　大丈夫？と斜面に問いかけているようでもありました。写真を見てもお分かりになると思いますが、上体は後傾しています。おっかなびっくり斜面と関係づくりをしている感じです。しかし、一歩、また一歩と進むたびに、だんだんと身体が斜面に慣れていきます。五歩

4-2-G　おそるおそる斜面を降りるAくん

ほど歩いた後は、斜面に馴染んできました。だんだんと歩くスピードがはやくなり、足裏で斜面を探る感じはなくなっていきました。しばらくすると普通に歩くように。その後、何回か斜面を上がったり降りたりしていましたが、もう恐る恐るという感じはありませんでした。彼の身体がこの斜面を知ったのです。

何かができるようになる、つまり運動が発達するということは、このように自分のまわりにある環境（地面、もの、人）と関係をつくれるようになることです。別の言い方をすると、ある条件下における解決策となる運動を見つけることです。Tちゃんはロープキックを、Kくんは崖を、そしてAくんは斜面を繰り返し経験したことで、運動を通して環境の中にある問題を解決したと言うことができます。運動は一回性のものであり、厳密には毎回違う環境に出会い、毎回違う解決をしています。例えば、キャッチボールをしているときでも、同じように捕って投げているようですが、実際に捕っているボールは少しずつ違う場所に飛んでくるわけですし、投げるときも一回ずつのフォームは同じではありません。またボールを扱う方法は投げる・捕るだけでなく、蹴る、打つ、止める、連続的に突く（ドリブル）など、操作する方法はいくつもあります。さらに蹴る方法にも、右足で蹴る、左足で蹴る、インステップ（足の甲）で蹴る、インサイド（足の内側部）で蹴るなどその動作種類はいくつもあります。これらは全て、ボールの問題を運動を通じて解決するバリエーションです。それらの中から、何を選ぶか、何ができて何ができないかがその行為の巧みさ（上手さ）を決めることになります。豊富な可能性の中から行為の選択をする際に重要なのは外的環境です。園児が自由に外的環境を探索し、試し、時には失敗し、やり直す。このプロセスの繰り返しが発達につながります。〝巧みさは課題解決の方法のバリエーション〟ということをぜひ子どもたちの姿からイメージしていただければと思います。

4-2-H　木の登り方も毎回ちがう

4　神田山を活かした遊びのこれから

神田山を積極的に活かした遊びの充実はスタートしたばかりです。遊びのバリエーションをもっと増やしたい、雨の日でも神田山で遊べないか、自分たちだけの力で遊べるようになるための工夫、など先生たちから出てくる課題はたくさんあります。三歳児に目を向けると、神田山の遊びをスタートする前に遊戯室や園庭での遊びから始めます。神田山につなぐためにそれらの遊びをどう構築するか。園庭環境をどのようにつくり変えていくか。その遊びを保育者がどう援助していくかなどが課題です。

その一つとして、神田山での遊びを発達段階の視点から検討し、神田山での遊びの年間計画を保育計画とは別に組み立てようということを計画しています。年間計画を立案する際、どうしても三歳児クラス、四歳児クラス、五歳児クラスと分けて考えるのが一般的です。しかし、年齢に基づいた分け方ではなく神田山の使い方の視点から発達段階のプロセスを計画しています。例えば、斜面を利用す

る段階、斜面を克服する段階、森を活かす段階、森の中で生きる段階などが考えられるでしょうか。

さざなみの森の例で触れたように、園庭づくり、園庭での遊びの充実は試行錯誤の連続です。長浜南認定こども園も今後どうなっていくか予想することは難しい。また公立園なので異動もあります。ここで大切なのは園としての保育理念です。今後の神田山での遊びの充実を期待しましょう！

「地域をタダで使ってはいけない」と認定こども園さざなみの森のおめぐさんは言います。園自体が地域とともに存在させてもらっている。一緒に子どもを育んでくれている。だから、その存在をタダで使うのはダメだと。多くの園ではさざなみの森のように地域の田畑や人々と一緒に保育をしているわけではないかもしれません。でも、地域の人が安全を守り、通学路の見守りをしてくれたりしていますよね。だから、やっぱり地域で育まれているわけです。

おめぐさんは地域にごあいさつ回りに行きます。園庭だけでなく、園周辺でも思い切り遊ぶためには地域の協力が不可欠です。そのためのあいさつ回りです。あいさつに行くとだいたいの場合は好意的に受け入れてもらえると言います。「孫が通っていたよ」「自分が通っていた」などという方もちらほら。そうやってあいさつ回りをすると、園の近くを通ったときに声をかけてくれたり、田畑を使わせてくれている人たちは、採れたものを持ってきてくれたりもします。

さざなみの森では、食べられる園庭活動だけでなく、自然と触れ合う多くの活動が地域で行われています（写真4-3-A～D）。自然を熟知している専門家（インタープリター）とともに地域を歩き、探検を日々行います。ある日はインタープリターのさるさんが持ってきてくれたマムシやシマヘビに端を発してヘビ探しが始まりました。その後はザリガニ探しもしました。水路を歩きながら、「ここいるかな？ こっちはどうだ？」と探す子どもたち。野外でそうこうしていると、他にも発見があります。地域の自然は子どもたちにとって発見の宝庫です。トンボが一斉にとぶ日もあります。水路の水が多かったり、少なかったり。同じコースを歩いていても、毎日違う姿に出会う。地域を自由に探検させてもらえるからこその出会いです。

長浜南認定こども園でも地域との交流は盛んに行われています。近くのおじいちゃん、おばあちゃんたちが枝豆や芋などの農作物を一緒に採取してくれたりします。また、相撲が盛んな土地柄で園庭には土俵がある長浜南認定こども園では、定期的に地域の方が相撲を教えにきてくれます。

さざなみの森の難波園長は、園と地域の連携はまちづくりでもあると言います。園が地域とつながり、地域に活気が生まれ、経済的にも潤うような関係づくりが大切であると言います。

4-3-A　インタープリターと一緒に森に入る。専門家の支えは重要

さざなみの森では、田んぼを使わせてもらっている農家と協力をし、お米の販売もしています。農家にとっては農協に売るよりも高く買ってもらい、保護者や地域の方からするとスーパーで買うよりも安くお米を買うことができる。そういうお互いにメリットがある販売システムを構築することで近隣の農家が少しでも潤うような仕組みづくりをしています。園だけが利をとるのではなく、お互いに利がある関係。そんな関係構築が理想です。

4-3-B　地域の方との田植え。自分たちの手で植えた稲は自分の稲

4-3-C　田植え？ 泥遊び？ 田んぼは豊かな園庭の一部

4-3-D　一から育てた稲を大切に刈り取る

参考文献

・青木久子・河邉貴子著『遊びのフォークロア』萌文書林、二〇一五年
・秋田喜代美ほか著『園庭を豊かな育ちの場に：実践につながる質の向上のヒントと事例』ひかりのくに、二〇一九年
・エドワード・S・リード著／菅野盾樹訳『経験のための戦い―情報の生態学から社会哲学へ』新曜社、二〇一〇年
・大豆生田啓友編著『21世紀型保育の探求』フレーベル館、二〇一七年
・奥田援史・炭谷将史著『遊びの復権』おうみ学術出版会、二〇一八年
・河合隼雄著『こどもはおもしろい』講談社、一九九五年
・ギブソン著／古崎敬ほか共訳『生態学的視覚論』サイエンス社、一九八五年
・ギブソン著／佐々木正人ほか監訳『生態学的知覚システム』東京大学出版会、二〇一一年
・倉橋惣三著『育ての心（上）』フレーベル館、二〇〇八年
・倉橋惣三著『育ての心（下）』フレーベル館、二〇〇八年
・佐々木正美監修／寺田信太郎ほか著『子どもと親が行きたくなる園』すばる舎、二〇一〇年
・佐藤有写真／文『なつかしの昭和の子どもたち』国書刊行会、二〇一九年
・炭谷将史「傾斜付砂場が与える遊びの機会」『生態心理学研究』（Vol.12）二〇二〇年、三頁－一三頁
・仙田満著『こどものあそび環境』鹿島出版会、二〇〇九年
・寺田信太郎・宮原洋一執筆『ふってもはれても』新評論、二〇一四年

・宮丸凱史「幼児の基礎的運動技能におけるMotor Patternの発達—2—幼児の立ち幅跳びにおけるJumping Patternの発達過程」『東京女子体育大学紀要』(8)、一九七三年、四〇頁－五四頁
・柳田國男・丸山久子編『改訂分類児童語彙』国書刊行会、一九九七年
・湯川嘉津美「日本の幼児教育史における倉橋惣三」『発達』(Vol.152)、ミネルヴァ書房、二〇一七年、八頁－一三頁
・ロジェ・カイヨワ著／多田道太郎・塚崎幹夫訳『遊びと人間』講談社、一九九〇年
・Adolph, K. E. & Hoch. J. E. (2019) Motor development: Embodied, embedded, enculturated, and enabling. Annual Review of Psychology, 70, pp.141－164.
・Heft, H. (1988) Affordances of children's environments: A functional approach to environmental description. Children's Environment Quarterly, Vol.5, No.3, pp.29－37.
・Sumiya, M. & Nonaka, T. (2021) Does the spatial layout of a playground affect the play activities in young children?: A pilot study. Frontiers in Psychology, 12, 1651. https://doi.org/10.3389/fpsyg.2021.627052
・van der Schaaf, A. L., Caljouw S. R., & Withagen, R. (2020) Are Children Attracted to Play Elements with an Open Function? Ecological Psychology, pp.79－94.
・Zosh, J. M. et al. (2018) Accessing the Inaccessible: Redefining Play as a Spectrum. Frontiers in Psychology, Article 1124.

おわりに

書き始める前、先生たちに伝えたいことは何だろうと考え、メモ書きをしている間にいつの間にか本文を書き始めている自分に気づきました。本書を書いている間、園内研究会などで現場の先生たちと一緒に子どものことを考えている感覚が常にありました。読者の皆さんも実際に保育で携わっている園児を想像しながらお読みいただけていたとしたら、筆者としては幸せなことです。

臨床心理学者の河合隼雄さんは著書『こどもはおもしろい』でこんなことを言っています。「ぼくはねマニュアルという言葉は嫌いなんですよ。本当はヒントとすべきだと思うんです。こういうヒントもありますよってな具合にね。機械ならマニュアルでいいと思うんです。マニュアルどおりにすればピタッと出てくる。それを教育までマニュアルでやろうとするでしょ。教育はヒントしか言えないわけですよ」。本書も園庭づくり、園庭遊びのマニュアルではありません。あくまでもヒントであり、こんな考え方、方法もありますよという提案です。読者の皆さんが置かれている状況や目の前にいる子どもたちに合わせて、やり方はいくつもあるはず。本書が皆さんのヒントになって、ご自身の状況に合ったやり方を、近くにいる人たちと一緒に創造していただけたら嬉しいです。

いま全国の保育者がつながり、お互いに考えていることを相互主観的に共有し合うコミュニティを作ろうと考えています。幼稚園等で考えられ、活かされている経験や知識を広く保育者の中で共有してもらいたい。良いアイデアは全国で活かし、さらにブラッシュアップする。そんなコミュニティにしたい。そして保育者のステータスを高め、単なる子守だけではない、保護者と一緒に子どもを見守るプロの子育て伴走者であることを広く世間に分かってもらいたい。そんなことを考えて立ち上げようと思っています。

最後になりますが、この本の企画をご提案くださり、いつも前向きなコメントで支えてくださった浜中陽子さんをはじめ、(株)ぎょうせいの皆さんに感謝を申し上げます。皆さんの保育がワクワク・ドキドキする実践になることを心から願っています。

令和三年五月　**炭谷将史**

連絡先　msumiya@studioflap.or.jp

●著 者
炭谷将史(すみや・まさし)
聖泉大学人間学部教授。
幼児教育施設の保育支援や子育て支援、スポーツ教室の開催など幼児・児童およびその保護者を対象とした事業を展開する、一般社団法人スタジオふらっぷを主宰。主な著書に『遊びの復権―子どもが育つ環境づくり』(おうみ学術出版会、2018年)など。

●執筆協力
川和保育園(神奈川県横浜市)
認定こども園さざなみの森(広島県東広島市)
長浜市立長浜南認定こども園(滋賀県長浜市)

●写真協力
水口幼稚園(滋賀県甲賀市)
守山市立小津こども園(滋賀県守山市)

●本文イラスト
あまちゃ工房 天野勢津子

イラストBOOK たのしい保育

ワクワク・ドキドキ「園庭」づくり

令和3年6月15日 第1刷発行

著 者 炭谷将史

発 行 株式会社ぎょうせい

〒136-8575 東京都江東区新木場1-18-11
URL：https://gyosei.jp

フリーコール 0120-953-431
ぎょうせい お問い合わせ 検索 https://gyosei.jp/inquiry/

〈検印省略〉

印刷 ぎょうせいデジタル株式会社

ISBN978-4-324-10991-5
(3100552-01-002)
〔略号：たのしい保育(園庭)〕